KB260175

셀라 반주와 함께하는

알토 색소폰
듀엣 앙상블곡집 1

| 서성범 편저 |

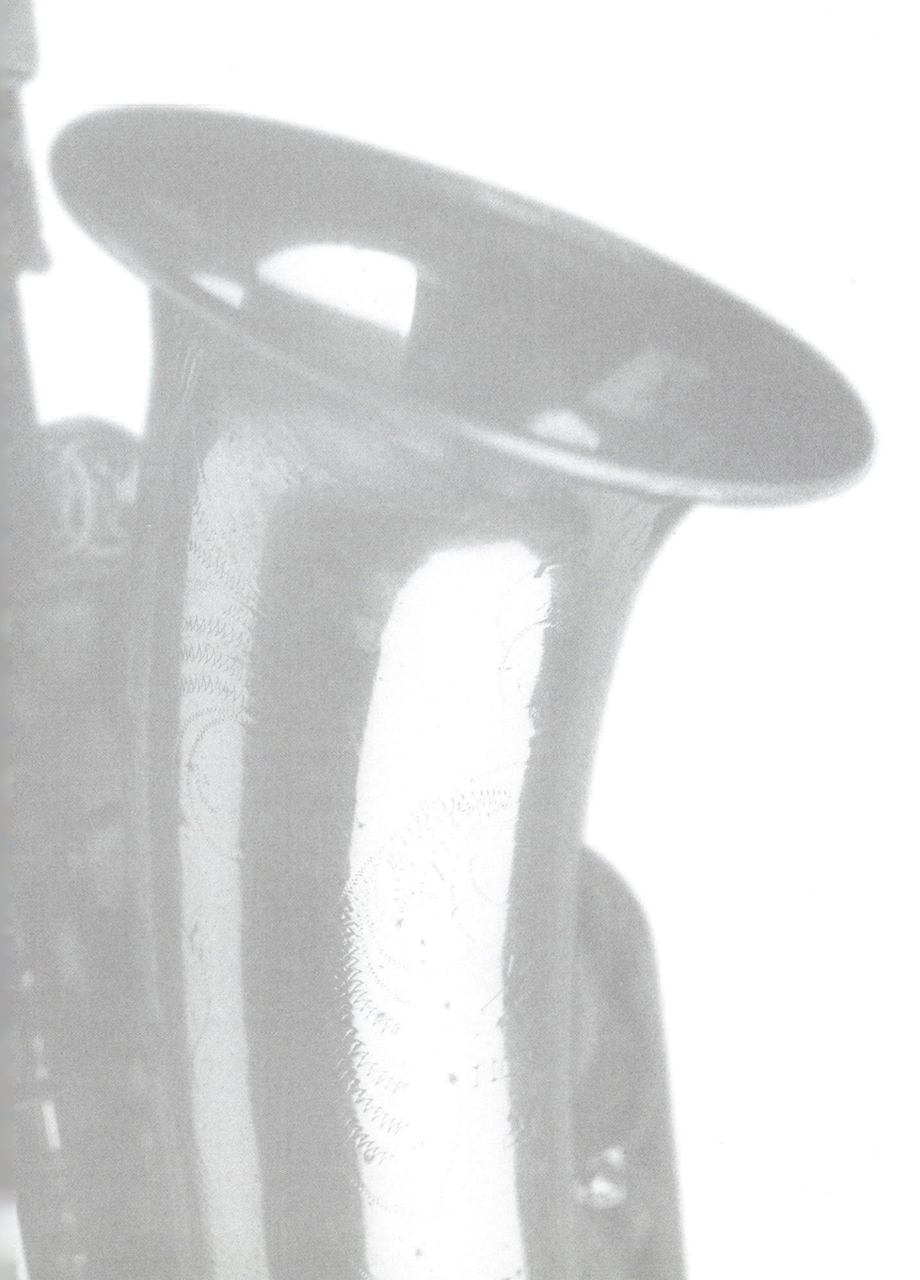

score

머리말

먼저 "셀라 반주에 의한" 알토 색소폰 앙상블 책을 내놓게 됨을
하나님께 감사드립니다.

"시 150:3 나팔소리로 찬양하며 비파와 수금으로 찬양할찌어다" 말씀처럼
저는 목회를 하면서 온 성도가 연주하기를 원했고,
모든 악기가 함께 어울려 좋은 앙상블로 하나님을 찬양하기 원했습니다.

우리 민족은 노래 부르기를 좋아했고, 노래방기기(즉 반주기)는
이 민족의 한을 풀어주었다고 봅니다.
이처럼 셀라 반주기는 교회 안의 성도들에게 베푸신 하나님의 은총이요,
선물이 아닐 수 없습니다.
저는 많은 악기들을 가르쳐 오면서 특히 초보자들도 쉽게 어울려 연주하며
앙상블을 즐길 수 있었던 것은 이 셀라 반주기의 역할이 컸다고 생각합니다.
전문가가 아닌 경우 좋은 앙상블을 이루기 위해서는
이 반주기의 도움이 크다고 봅니다.

먼저 하나님께 영광을 돌려드리고
도움을 주신 CBS 작은 교회세우기 연합 사무총장 이창호 목사님과
주식회사 엘프(셀라 반주기) 이기창 부장님과
스코어 출판사 최우진 사장님에게 감사드립니다.
아무쪼록 이 책을 통해 더 많은 교회 아마추어 연주가들이 모여 좋은 앙상블을 이루어
하나님과 교회, 선교역사의 장에 크게 쓰임 받기를 원하면서…

서 성 범 목사

Contents

3부 무반주 트리오

부록 4부 무반주 쿼텟 콜렉션

Chapter
1

"듀엣 앙상블"

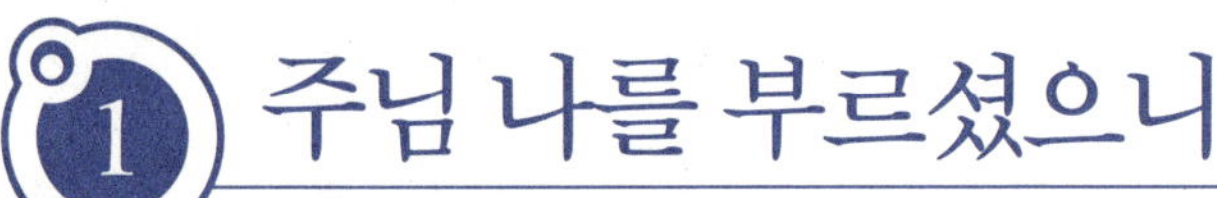

주님 나를 부르셨으니

Words & Music by 윤용섭
Arr. by 서성범

21
E♭   B♭7   E♭   B♭7
나 를 사 랑 했 으 니 주 님 나 를 사 랑 했 으 니 이 몸

25
E♭   Cm   Fm7   B♭7   E♭
바 쳐 서 이 몸 바 쳐 서 주 만 따 라 가 렵 니 - 다 주 -

29
B♭7   E♭   F7   B♭7
님   주 - 님   나 의 기 도 를 들 으 사   언 제
3   3

33
Cm   E♭   1. B♭7   E♭
까 지 주 님 - 만 을   사 모 하 게 하 옵 소 - 서   주 님
3   3

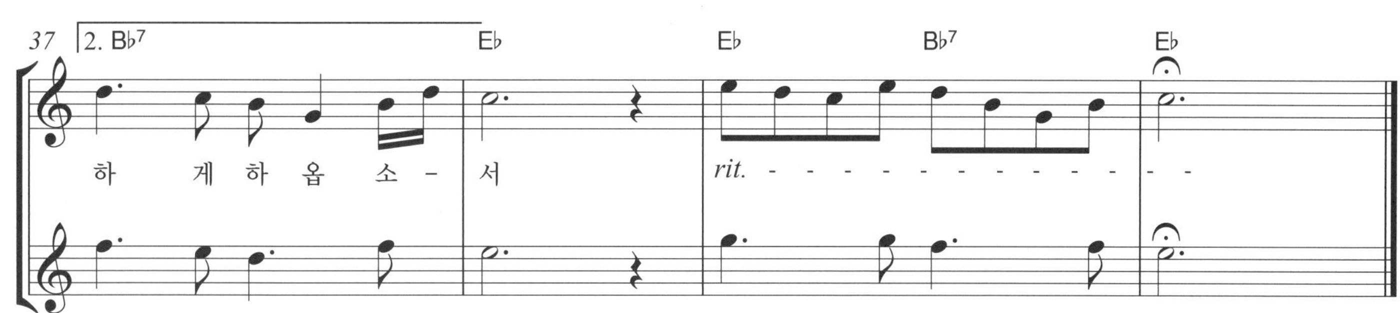
37
2. B♭7   E♭   E♭   B♭7   E♭
하 게 하 옵 소 - 서   서   rit.

② 주께 두 손 모아 비나니

(셀라 1033)

로 믿음안에서 서 - 로 소망가운데 서 -

로 사랑안에서 손 잡 고가는 길 오 -

주 사랑의종 소 리가 사 - 랑 의종소리 가 이

시 간우리모 두 - 를 감 싸 게하여주소서

싸 게하여주소 서

하나님을 아버지라 부르는 자는

(셀라 2692)

Words by 오광석
Music by 한태근
Arr. by 서성범

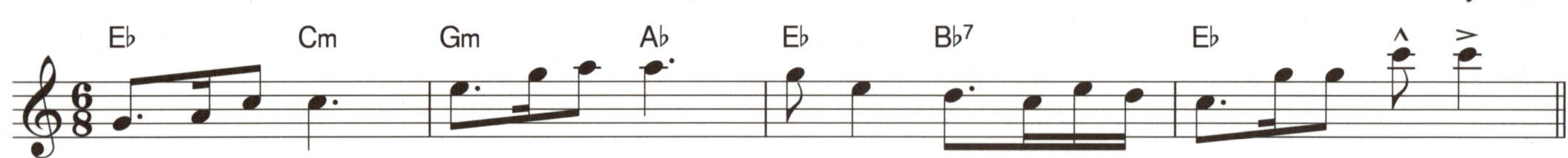

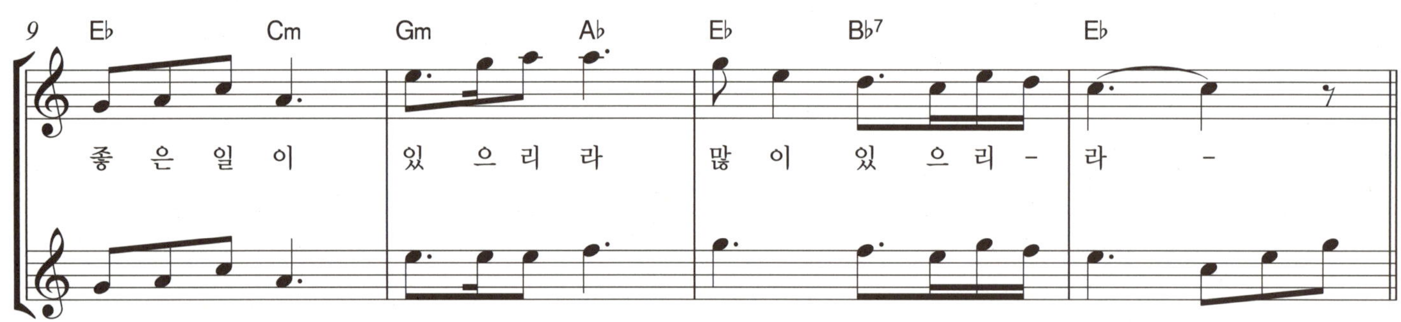

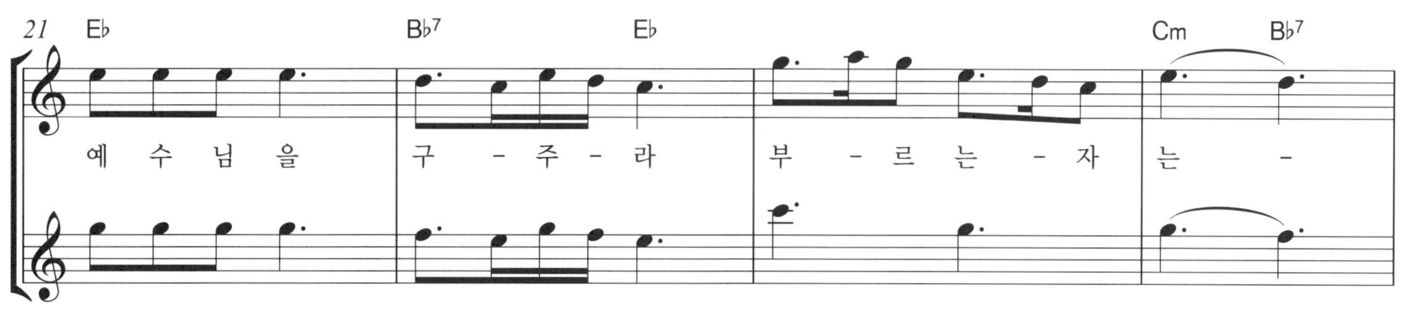
예 수 님 을 구 - 주 - 라 부 - 르 - 는 - 자 는 예 -

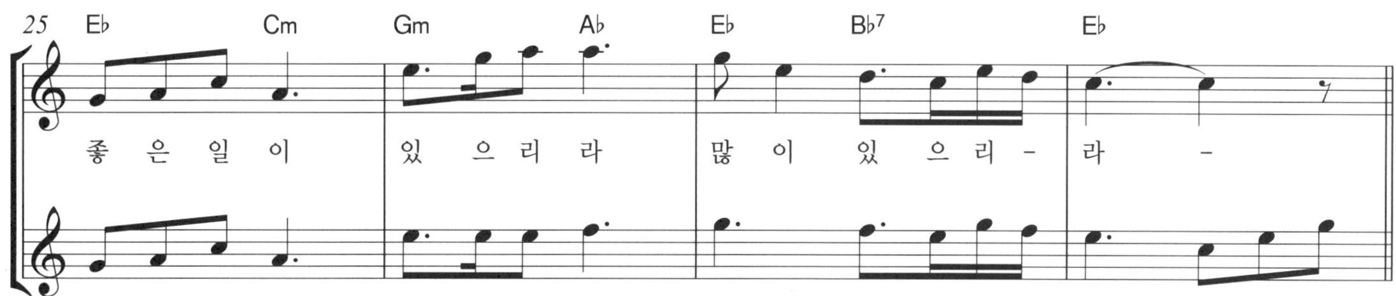
좋 은 일 이 있 으 리 라 많 이 있 으 리 - 라 -

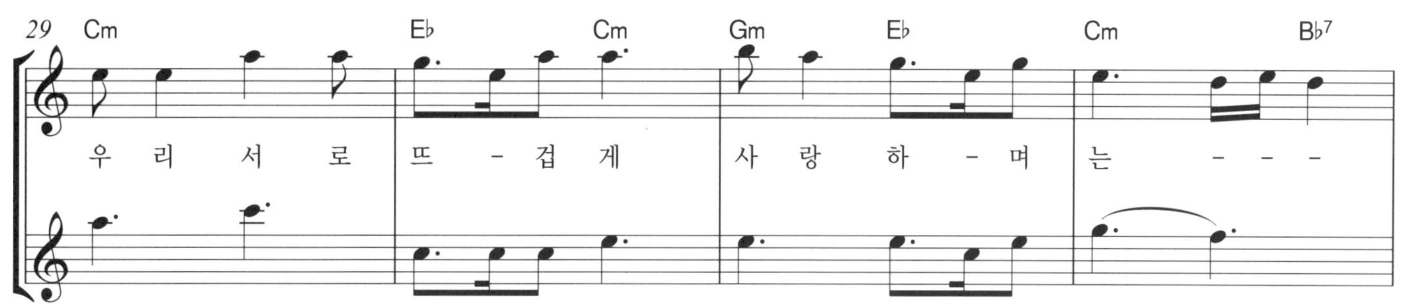
우 리 서 로 뜨 - 겁 게 사 랑 하 - 며 는 - - -

좋 은 일 이 있 으 리 라 크 게 있 으 리 - 라 -

D.C. al Coda

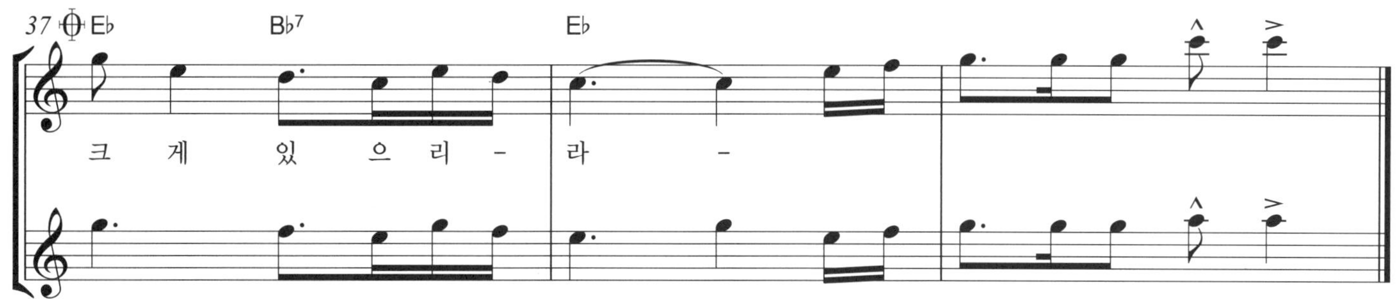
크 게 있 으 리 - 라 -

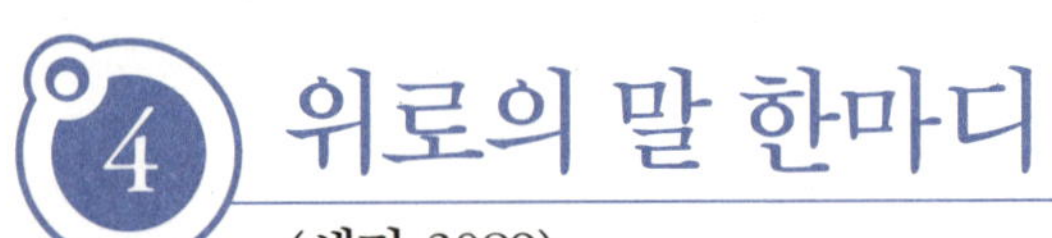
4
위로의 말 한마디
(셀라 3089)

Words by 송길원
Music by 김석균
Arr. by 서성범

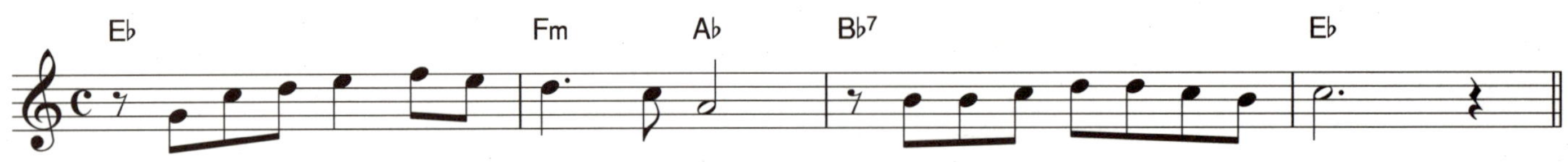
Eb   Fm   Ab   Bb7   Eb

Eb   Fm   Bb7   Eb
위로의 말 한마 디   긴 장을 풀 어 주 고

Eb   Fm   Ab   Bb7   Eb
용 서의 말 한 - 마 - 디   자 유를 가 져 옵 니 다

Eb   Fm   Bb7   Eb
겸 손한 말 한마 디   존 귀 히 여 김 받 고

Eb   Fm   Ab   Bb7   Eb
교 만한 말 한 - 마 - 디   멸 망을 가 져 옵 니 다   가

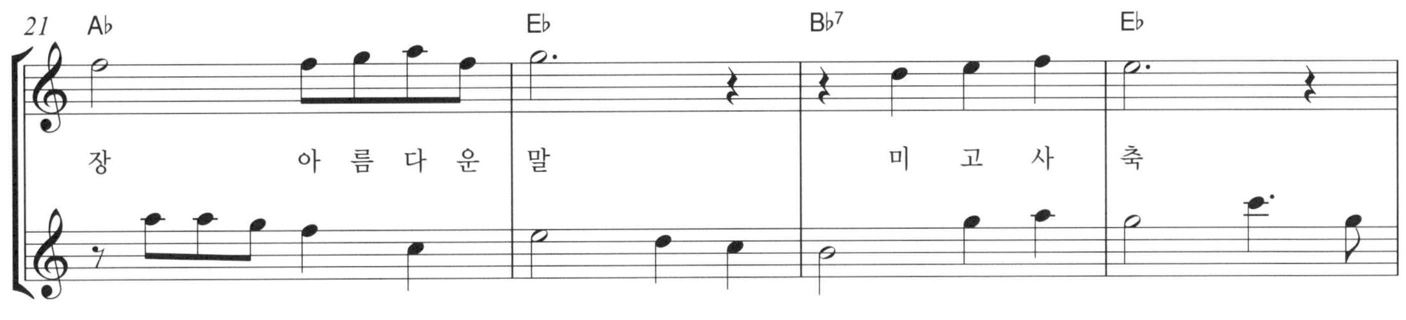
장 아름다운말 미 고 사 축

미 안 해 요 고 마 워 요 정 말 사 랑 - 해 - 요

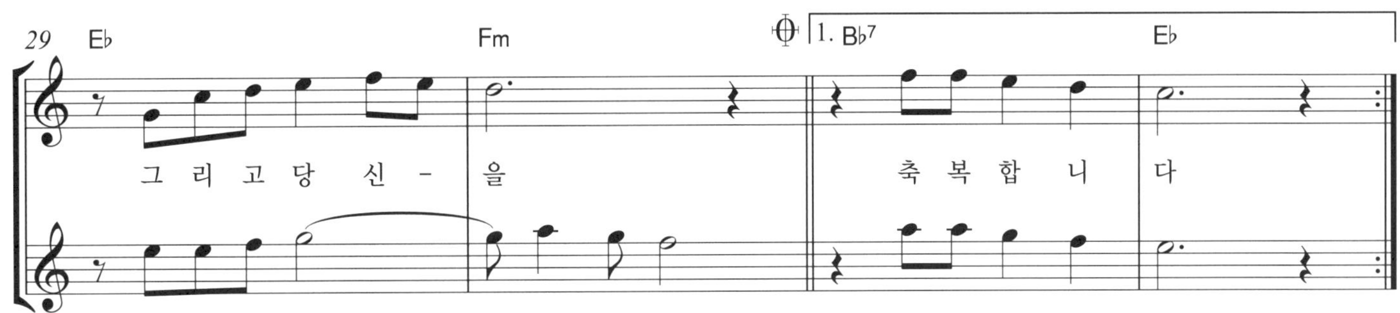
그 리 고 당 신 - 을 축 복 합 니 다

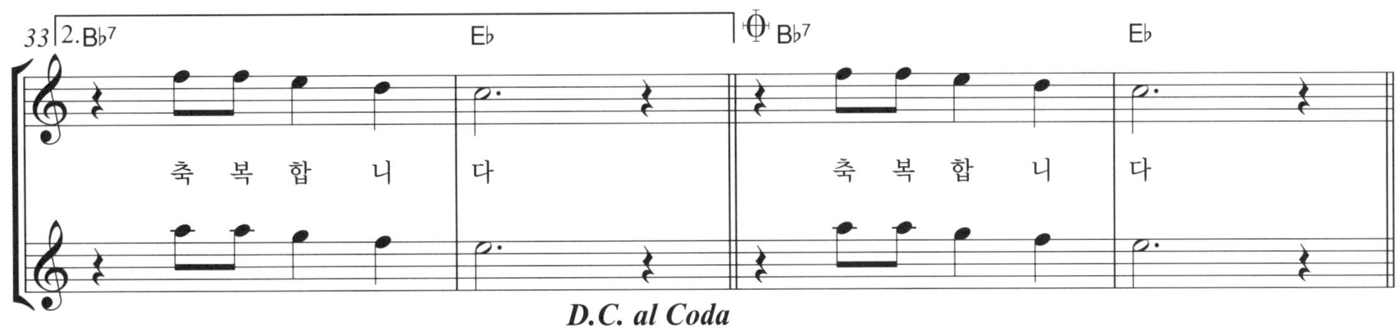
축 복 합 니 다 축 복 합 니 다
D.C. al Coda

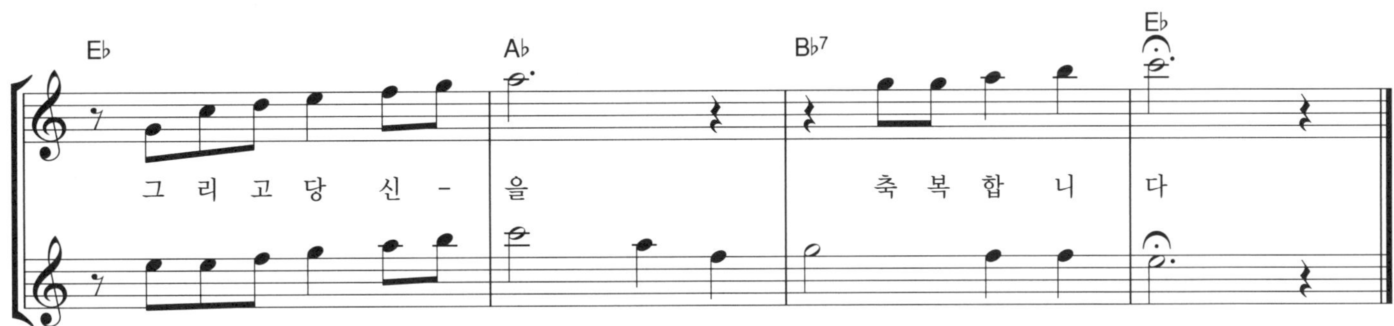
그 리 고 당 신 - 을 축 복 합 니 다

5 아름다웠던 지난 추억들

27
Eb   Bb7   Fm7   Eb
월 절- 저녁성찬 때- 주님과 함께- 마시던 핏 잔- 그 일이

31
Gm   Ab   Bb7   Eb   Bb7   Eb
문 득- 생각이 나면- 어느새 내 뺨-에 주르르 눈물만이 흐릅니다 수없이

36
Ab   Eb   Fm7   Bb7   Eb   Eb7
많 은- 사람들 위-해 당신이 바친- 고귀한 희생- 영원히

40
Ab   Gm7   Cm7   Fm7   Ab   Bb7   Eb
당신과 함께있 고-파 사랑의 십 자가 를 맞이하 네

D.S. al Coda

45
Bb7   Eb   Fm   Ab   Bb7   Eb
를 맞이하 네 사랑의 십 자가 를 맞이하 네

나의 아버지

(셀라 2901)

*음정 +1

Words by 채수련
Music by 김동국
Arr. by 서성범

Cm   Bb7   Ab   G7(SUS4)   G7
불러보는-   내아버지-   나 의아버 지   이 생
Cm   Ab   Eb   G7
명   다 하 는   그 날 까지지키시-고   인 도 하
Cm   Bb   Ab   1.Eb   G7   Cm
실   참 좋으 신   나 의 아 - 버 - 지
Ab   Eb   Ab   Eb   Bb7
3   3   3
Ab   Eb   Fm7   G7(SUS4)   G7
3   3   아 버
2.Eb   G7   Cm   Eb   G7   Cm
나 의 아 - 버 - 지   아 버   나 의 아 - 버 - 지
D.S. al Coda
Cm   G7   Ab   G7(SUS4)   Cm

7. 예수님과 같은 친구

(셀라 2499)

Words & Music by M. J. Babbitt
Arr. by 서성범

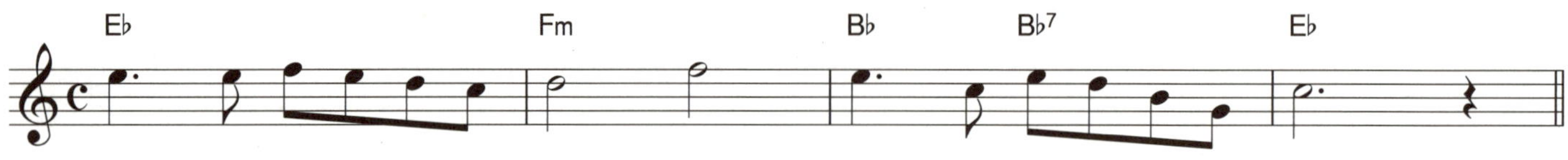

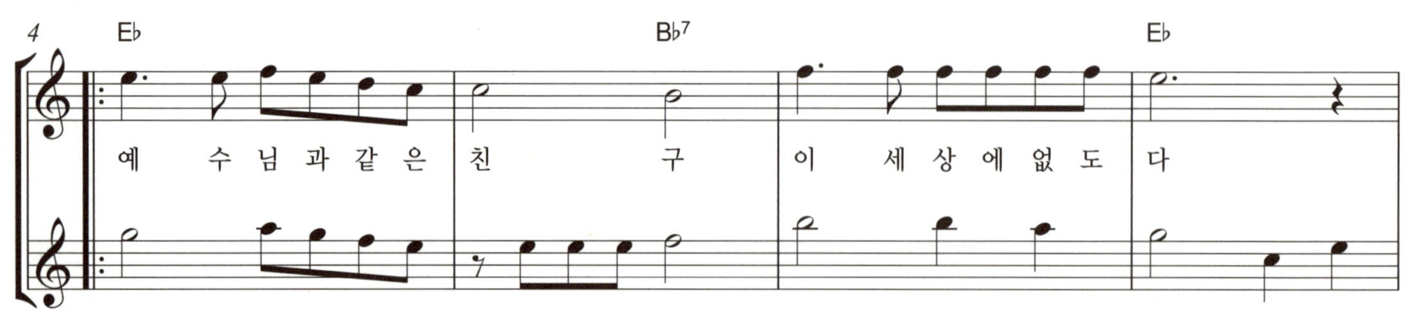

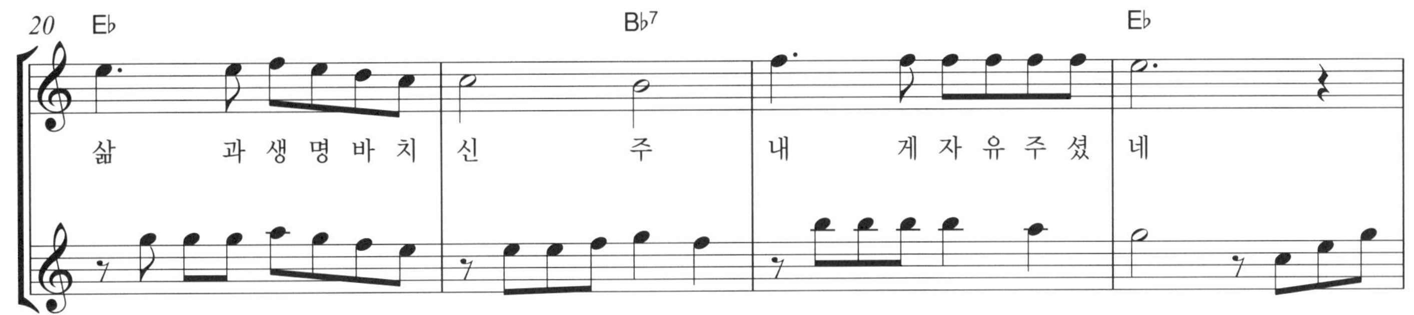

20
Eb
Bb7
Eb
삶   과 생 명 바 치 신   주   내   게 자 유 주 셨   네

24
Eb
Bb7
Eb
Bb7
Eb
주   를 뵈 올 그 날   까   지   주   만 사 랑 하 리   라

28
Eb
Bb7
Eb
구   원 하 여 주 시   오 며   보   호 하 여 주 시   니

32
Eb
Bb7
Eb
Bb7
Eb
오   직 주 만 의 지 하   여   세   상 승 리 하 오   리

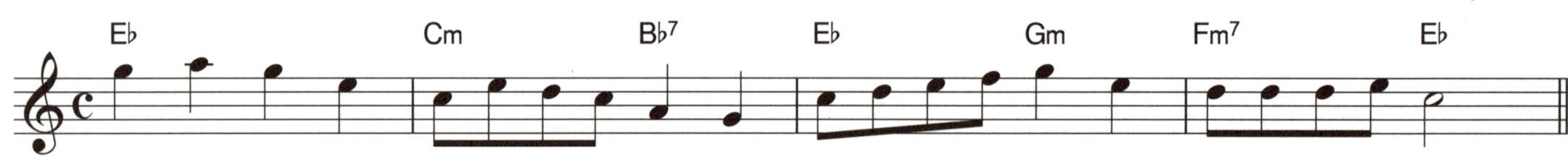

8
하나님은 나의 목자시니
(셀라 2881)
Words by 석진영
Music by 이일래
Arr. by 서성범
Eb   Cm   Bb7   Eb   Gm   Fm7   Eb

5   Eb   Cm   Bb7   Eb   Gm
하 나 님 은   나 의 목 자 시 니   내 게 부 족 함 이

8   Fm7   Eb   Ab   Fm7   Bb7
없 으 리 로 다   나 로 하 여 금   푸 른 풀 밭 에

11   Eb   Eb   Fm7   Bb7   Eb
눕 게 하 시 며 잔   잔 한 물 - 가   로 인 도 하 여 주 시 네

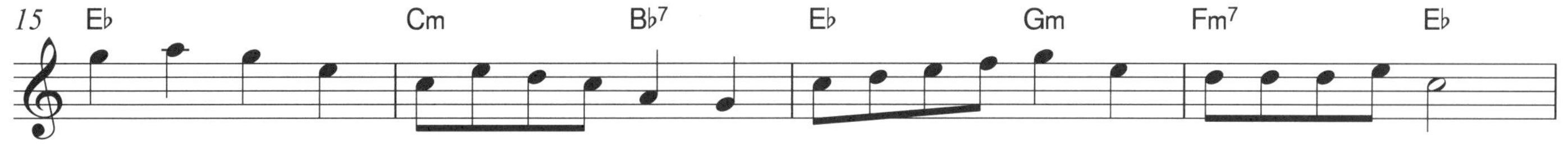
15
E♭ Cm B♭7 E♭ Gm Fm7 E♭

19
E♭ Cm B♭7 E♭ Gm
하 나 님 이 함께하시오 니 내게두려움이

22
Fm7 E♭ A♭ Fm7 B♭m7
없 으 리 로 다 나 로 하 여 금 땅 에 살 아 도

25
E♭ E♭ Fm7 B♭m7 E♭
진 리 안 에 서 이 기 고 이 - 기 게 항상능력주시네

(셀라 2602)
Words by 채인순
Music by 김동국
Arr. by 서성범

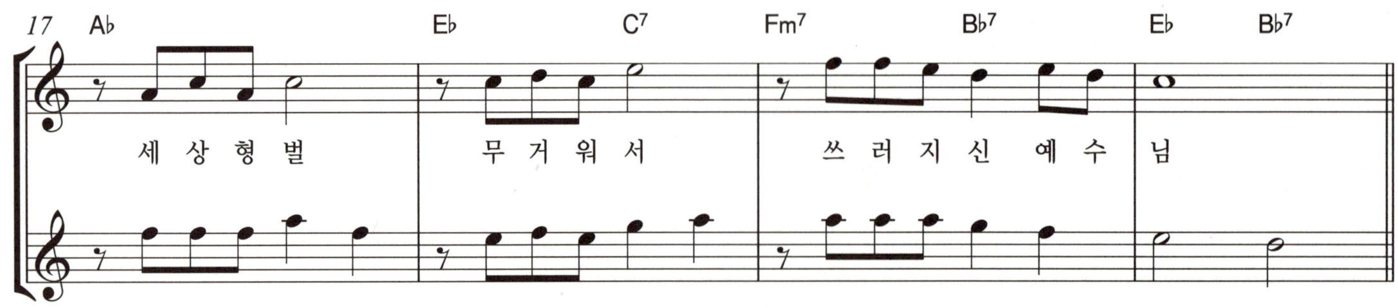

21 Cm7 Gm Ab F7 Bb7
방 울 방 울 - 흘 린 피 로 나 구 원 받 았 도 다

25 Eb Gm Fm7 F7 Bb7
태 양 도 빛 을 잃 고 울 었 던 위 대 한 그 사 랑 은

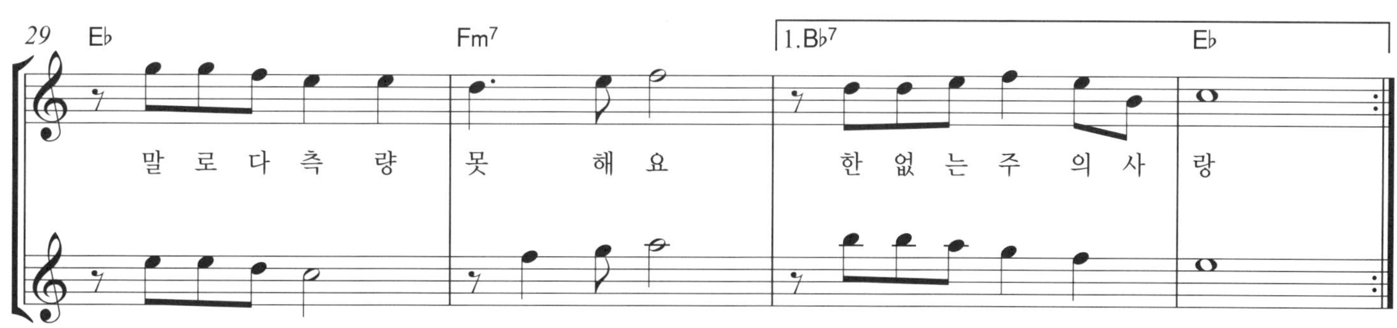
29 Eb Fm7 1.Bb7 Eb
말 로 다 측 량 못 해 요 한 없 는 주 의 사 랑

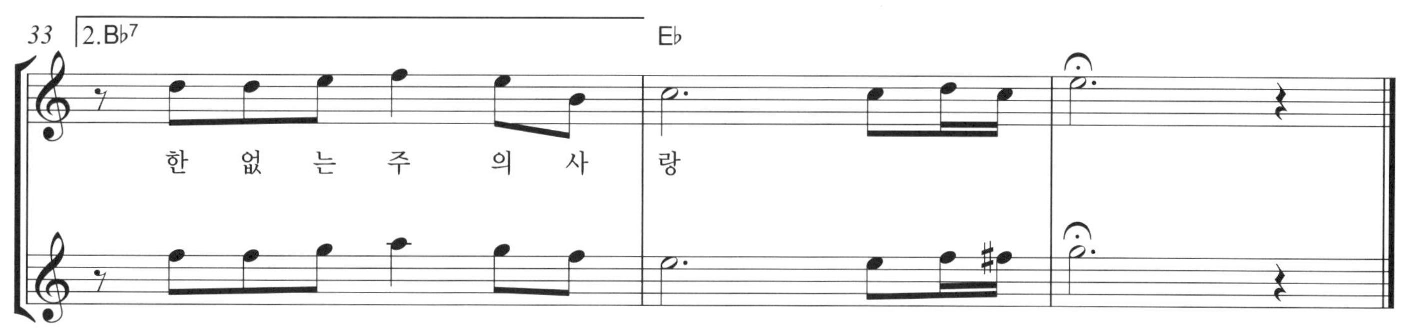
33 2.Bb7 Eb
한 없 는 주 의 사 랑

10 호산나 찬양하라

(셀라 2394)

Words & Music by Anonymous
Arr. by 서성범

호 산 나 찬 양 하 라 -
하 늘 의 하 나 님 께 -
호 산 나 찬 양 하 라
영 광 의 하 나 님 께 -
이 세 상 의 모 든 사 람 -
그 의 손 이 만 드 셨 네 -
남 자 여 자 사 이 좋 게 -
창 조 하 셨
네 예 예 예
하 늘 아 찬 양 하 라 -
땅 들 아 찬 양 하 라 -
바 다 야 찬 양 하 라 -
영 원 히 영 원 히 영 원 히
Chapter 1_ 퀴즈 야샤봉

11 사랑의 나라

(셀라 2630)

Words & Music by Anonymous
Arr. by 서성범

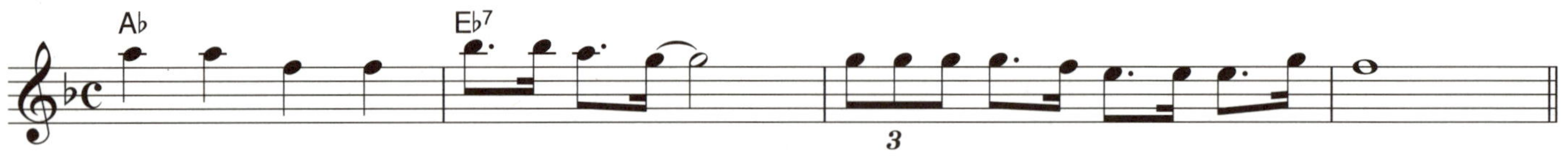

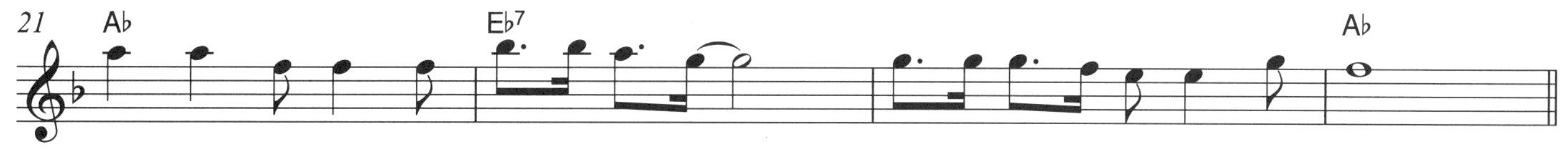
21
Ab   Eb7   Ab

25
Ab   Db   Eb7
빨 -간색 -   진 리 나 라 -   사 랑 용 서 있 는   곳

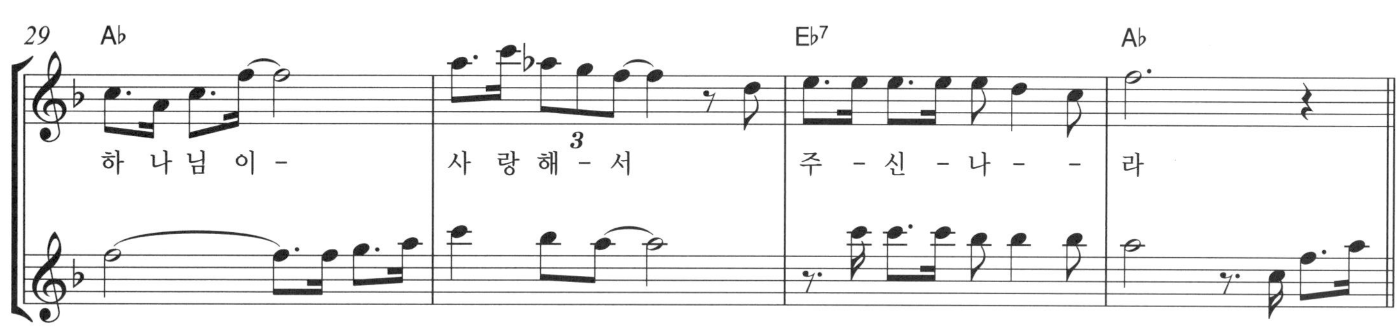
29
Ab   Eb7   Ab
하 나 님 이 -   사 랑 해 -서   주 - 신 - 나 - - 라

33
Eb7   Ab   Db   Bb7   Eb7
아 랄 - - - 라   랄 - - 라   행 복 한 나 라 만 들 테   야

37
Ab   Eb7   Ab
아 랄 - - - 라   랄 - - - 라   아 름 다 운 것 만 들 테   야

살아계신 주

(셀라 1035)

Words by G. O. Webster
Music by W. J. Gaither
Arr. by 서성범

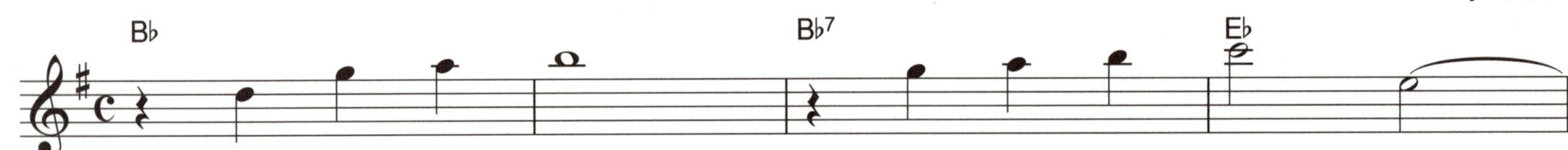

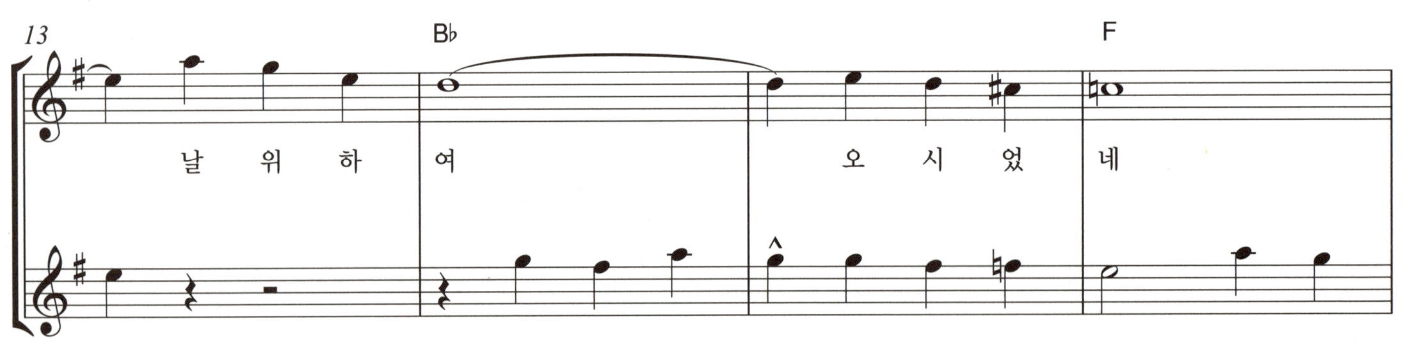

죽 음 에 서 부 활 하 신 나 의 구 세 주

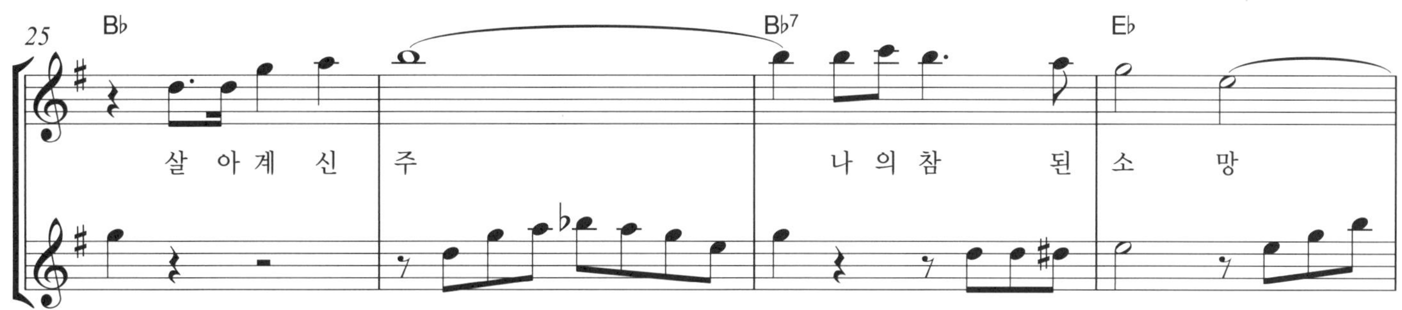
살 아 계 신 주 나 의 참 된 소 망

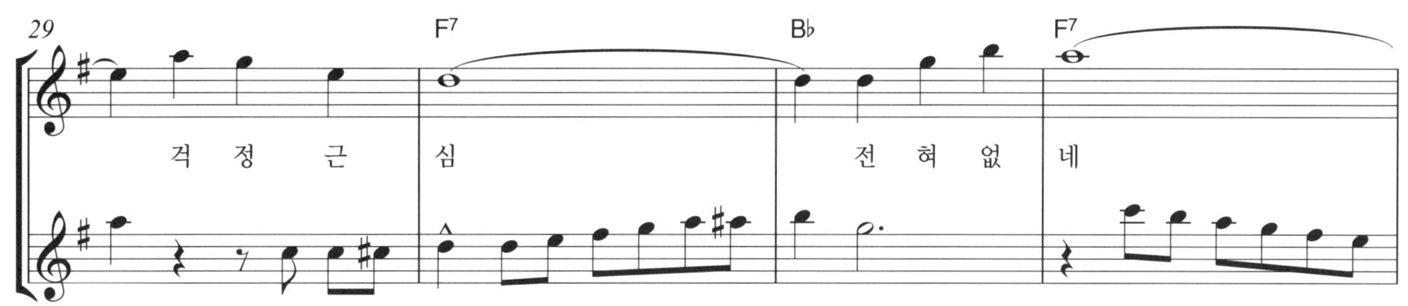
걱 정 근 심 전 혀 없 네

사 랑 의 주 내 갈 길 인 도 하 니

내 모 든 삶 의 기 쁨 늘 충 만 하 네

13 심령이 가난한 자는

(셀라 2075)

Words & Music by 여명현
Arr. by 서성범

위 하여핍박받는 자 천국이 -저희것이 라
긍 휼
D.S. al Coda
라 내게도 주소서 내가복 을받기원하네 오-
내 -주 - -여 주 소 - 서
아 - - - - 멘 -

14 또 하나의 열매를 바라시며

(셀라 2045)

Words & Music by 설경욱
Arr. by 서성범

택 하 시 고 이 땅 에 심 으 셨 네 또 - 하 나 의 - 열 매 를 바 라 시 며
당 신
은 사 랑 받 기 위 해 그 리 고 그 사 랑 - 전 하 기 - 위 해 주 께 서
택 하 시 고 이 땅 에 심 으 셨 네 또 - 하 나 의 - 열 매 를 바 라 시 며 당 신
하 나 의 - 열 매 를 바 라 시 며 또 - 하 나 의 - 열 매 를 바 라 시 며 -
solo
rit.

십자가 앞 꿇어 엎디어

(셀라 2475)

Words & Music by Charles E. Moody
Arr. by 서성범

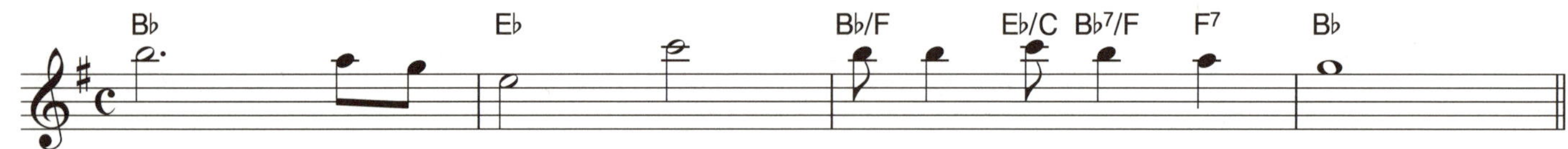

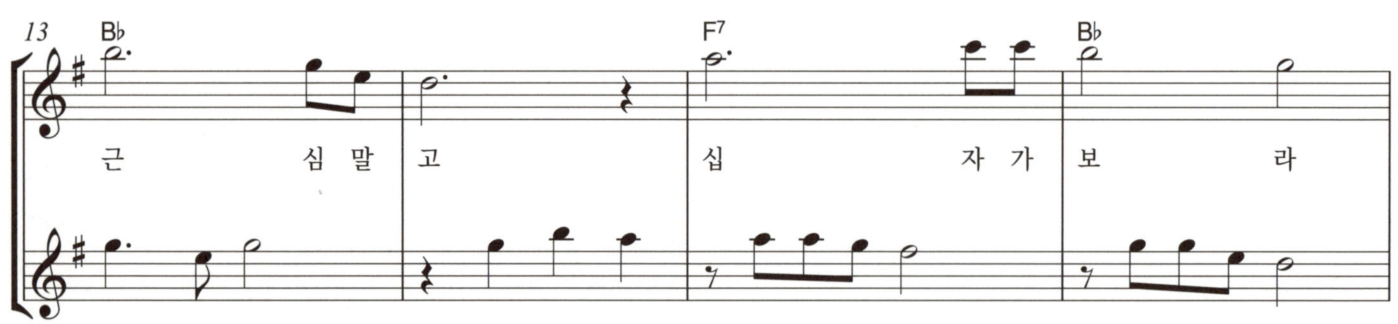

십 자 가앞 내몸드리어 새 삶을가지 리
옛 행실을 떨쳐버리고 주 사랑받으 라
근 심말고 십 자가보 라
꿇 어엎디 어 예수를만나 리

16 주께 구속된 자들이

Words & Music by Anonymous
Arr. by 서성범

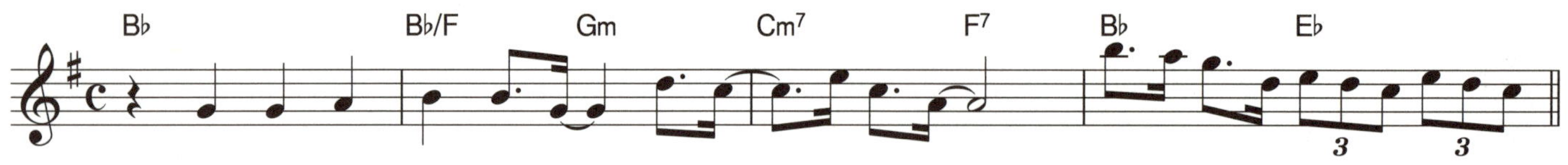

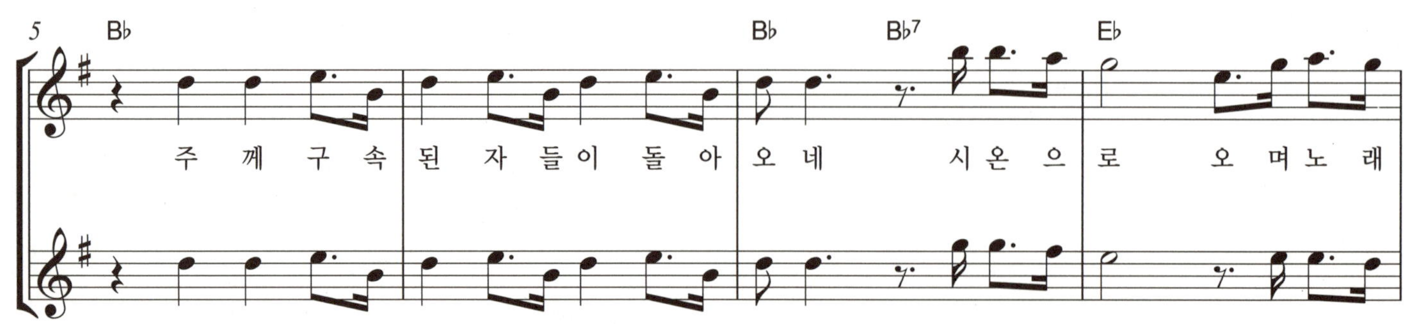

Bb Eb Bb7 Eb Bb
즐 거 움 과 기 쁨 얻 고

Gm C7 F7 Gm
- 눈 물 - 근 심 은 - 사 라 지 리

Bb Bb Bb7 Eb
주 께 구 속 된 자 들 이 돌 아 오 네 시 온 으 로 오 며 노 래

Edim7 Bb7/F Gm Cm7 F7 Bb
하 네 그 머 리 위 에 영 영 한 기 쁨 을 쓰 겠 네
D.C. al Coda

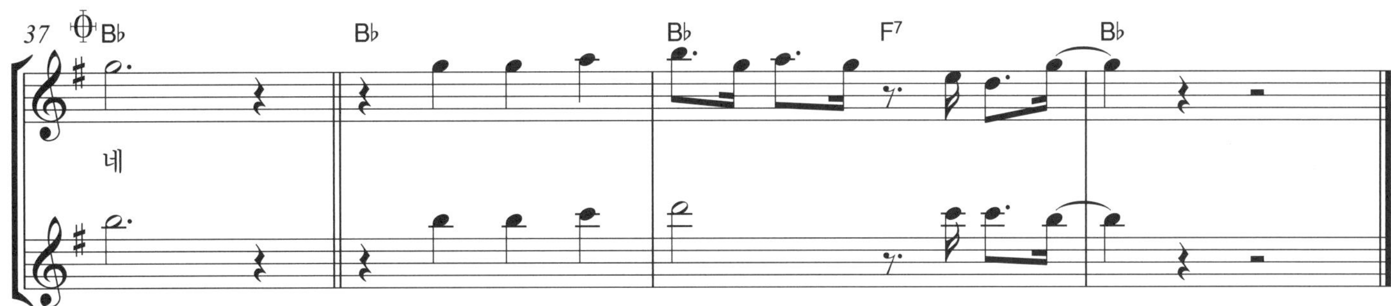
Bb Bb Bb F7 Bb
네

17
갈보리 십자가에
(셀라 1075)

Words & Music by 김석완
Arr. by 서성범

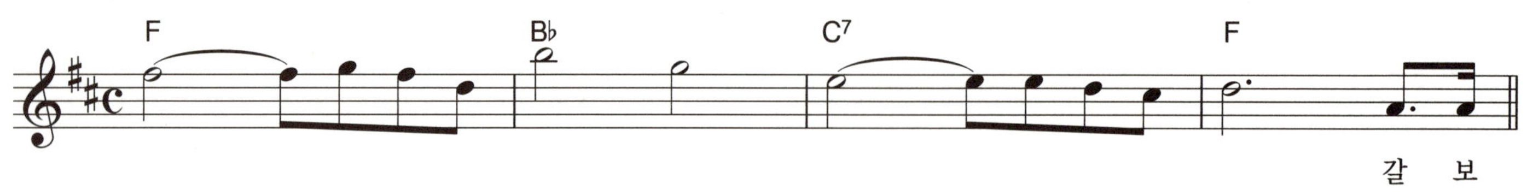
F
Bb
C7
F
갈 보

F
Bb
C7
F
리 - 십 자 가 에 주 님 을 - 바 라 볼 때 하 나

F
Bb
F
C7
F
님 - 크 신 사 랑 너 무 나 - 고 마 워 라 예 수

Bb
F
Am
F
C7
님 - 의 십 자 가 이 제 는 - 나 도 지 고 이 생

F
Bb
C7
1. F
명 - 다 바 쳐 서 주 님 을 - 따 르 리 라 갈 보

2. F
F
Bb
C7
F
라
우 리

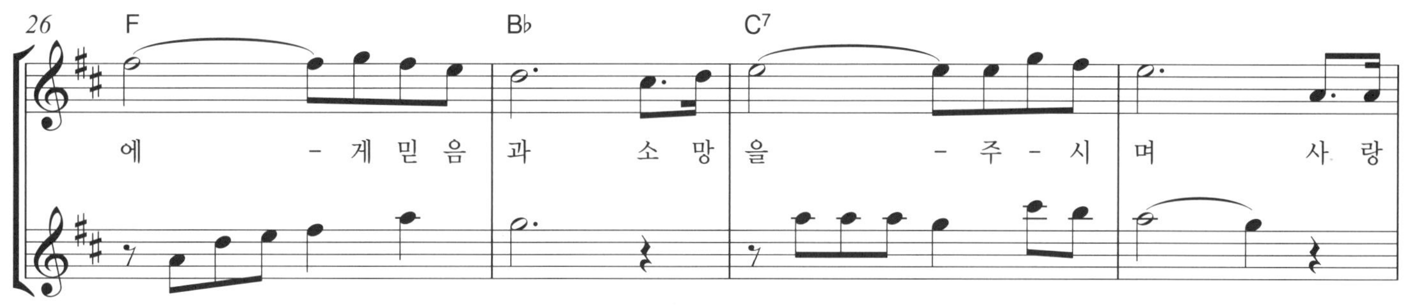
26
F   B♭   C⁷
에   -게믿음과 소망을   -주-시며   사 랑

30
F   B♭   F   C⁷   F
으   -로세상을   이기게   -하-셨네   예수

34
B♭   F   Am   F   C⁷
님   -의십자가   이제는   -나도지고   이생

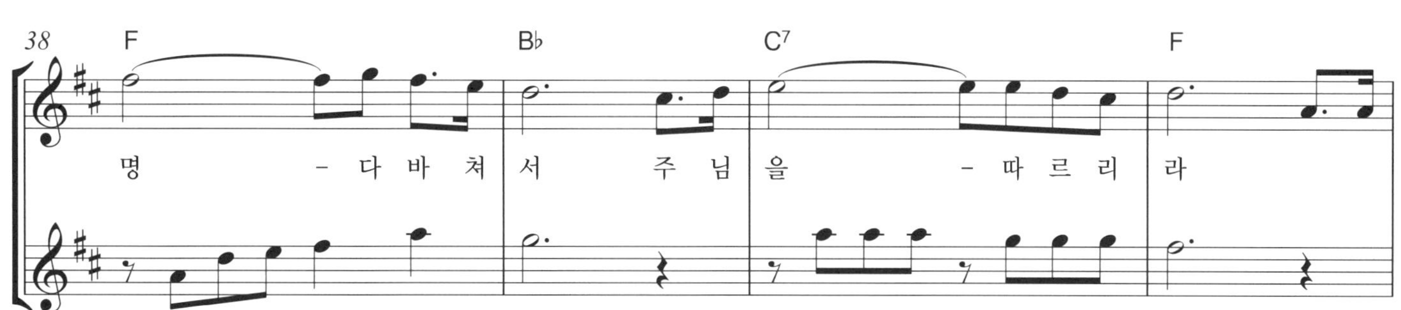
38
F   B♭   C⁷   F
명   -다바쳐서   주님을   -따르리라

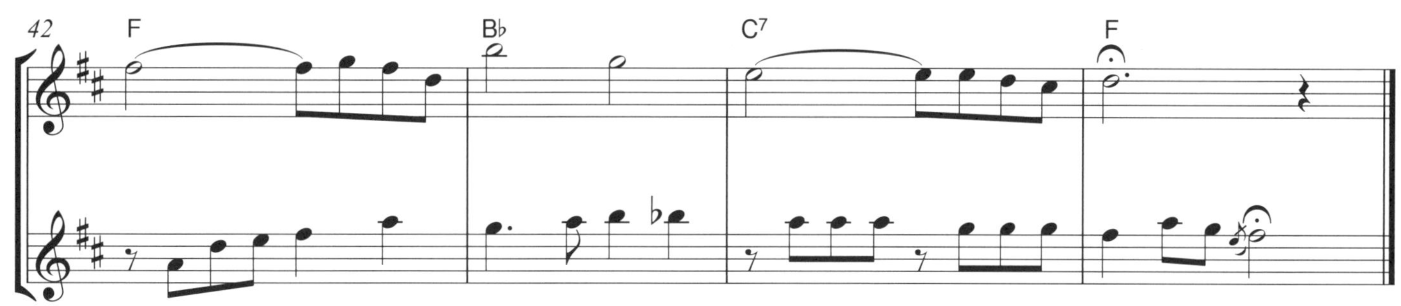
42
F   B♭   C⁷   F

요한의 아들 시몬아

(셀라 1320)

Words & Music by 권희석
Arr. by 서성범

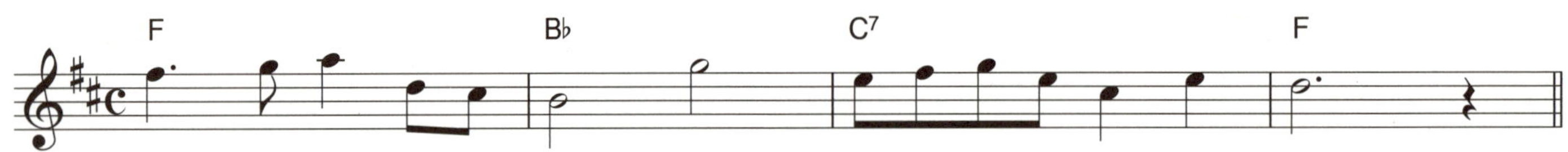

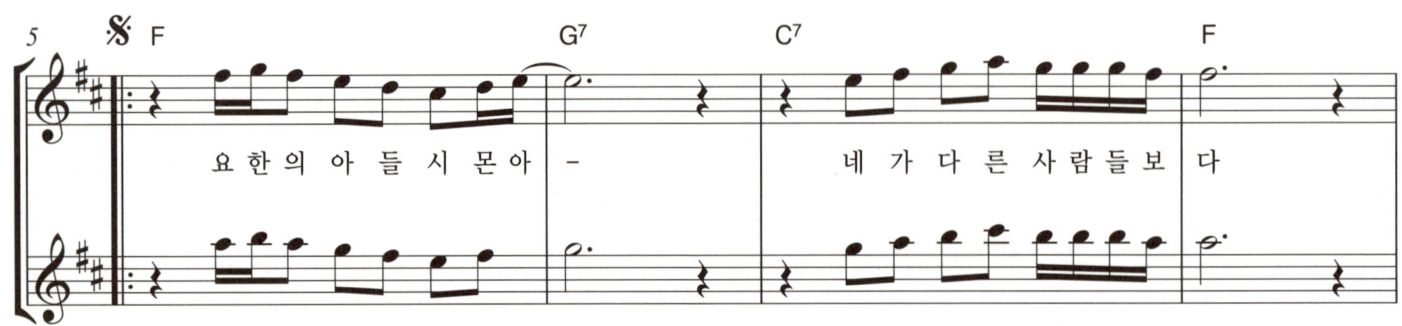

요한의아들시몬아 - 네가다른사람들보다

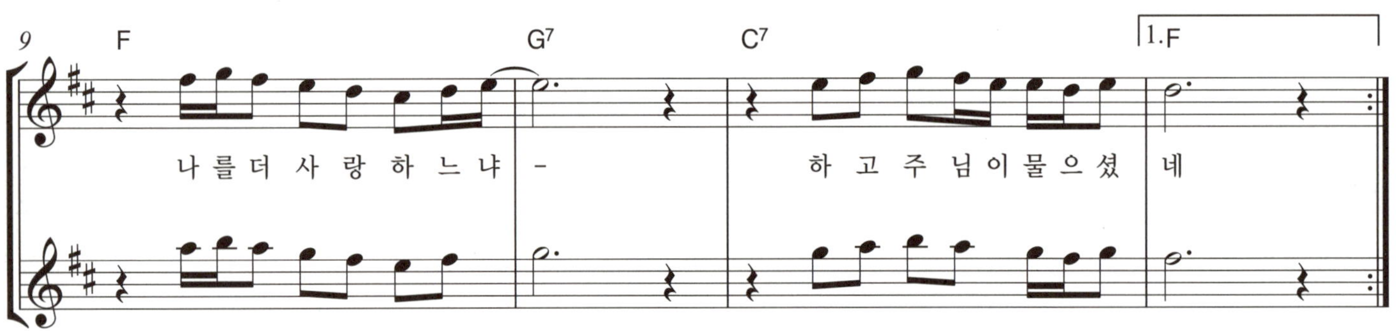

나를더사랑하느냐 - 하고주님이물으셨 네

네 그 때 나는주께대답했네내가주 를사랑하는지 주님

께서 - 아십니 다 - 주님 께서내마음아시 리

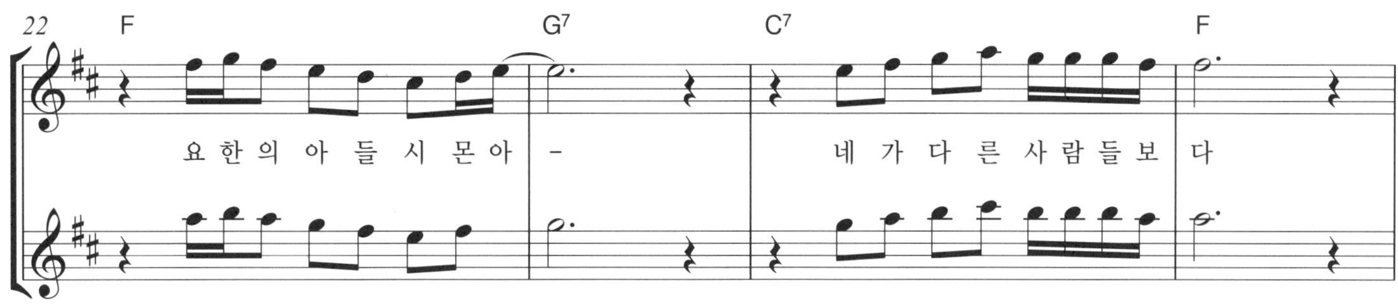

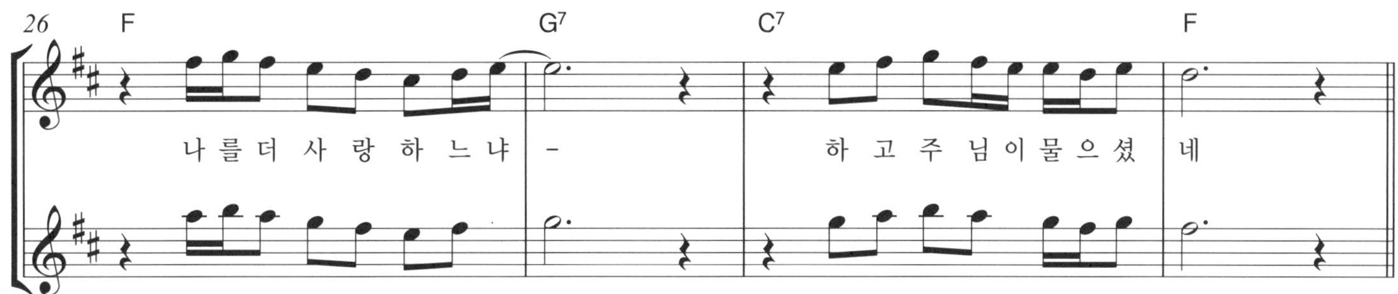

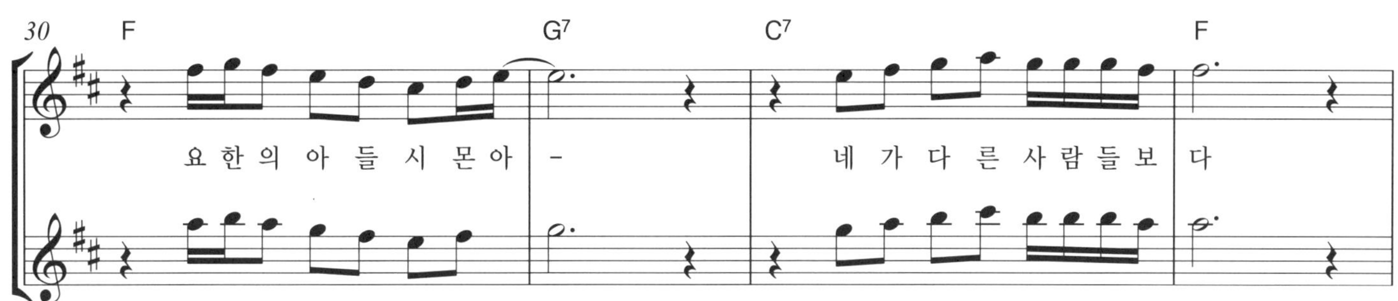

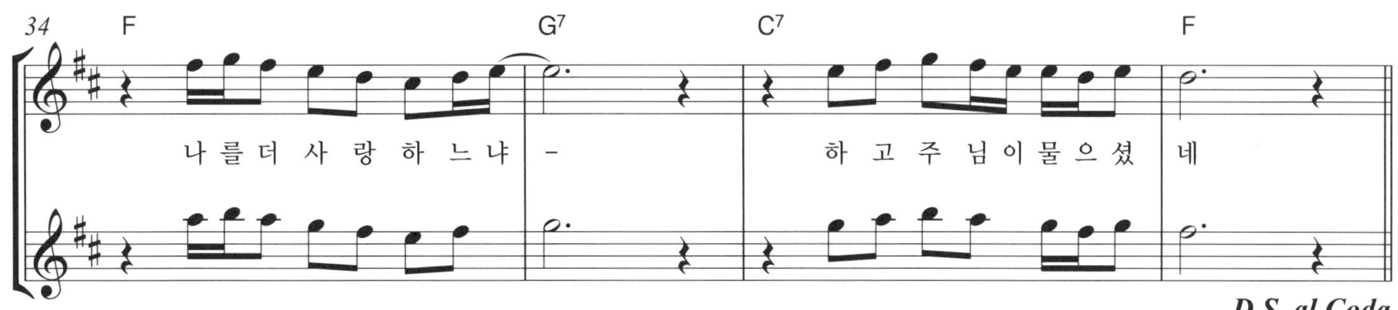

38
F   C7   F   Bb   Bbm   F
께 서 내 마 음 아 시 리

예수는 참 포도나무

(셀라 1302)

예수는 선하신 목자 - 우리는 양떼이니
푸른 들 맑은 물 가로 - 주가 친히 이끌어 주시네 주
안에 살리라 주 안에 살리라 주 는 나 의 목자 되시니
일 용 할 양 식 과 평 안 의 모든 것 나 에게 넘치게 주 시 네

20 나는 세상의 빛이요

(셀라 1963)

Words & Music by Jim Strath
Arr. by 서성범

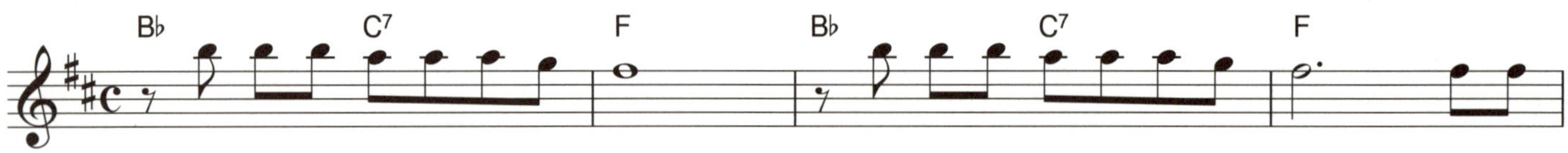

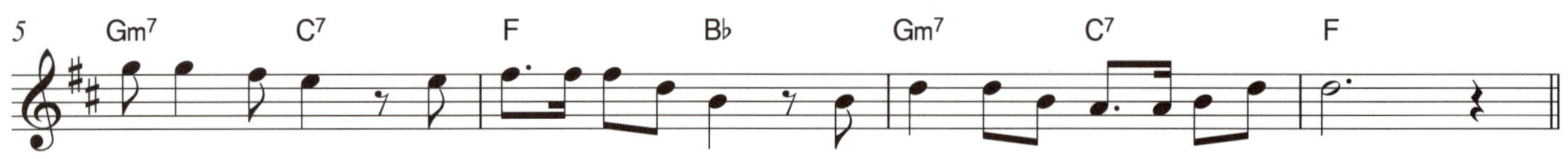

Gm7   C7   F   B♭   Gm7   C7   F
내 게 오 고 날 사 랑 하 – 면 참 생 명 의 길 을 알 리 라 세 상

F   Gm7   C7
길 방 황 하 는 친 구 여 외 롭 고 지 친 친 구 여 모

F   B♭   C7   F   Dm7   B♭   C7
두 다 오 시 오 주 님 품 으 로 참 생 명 되 신 주 께 오 시 오

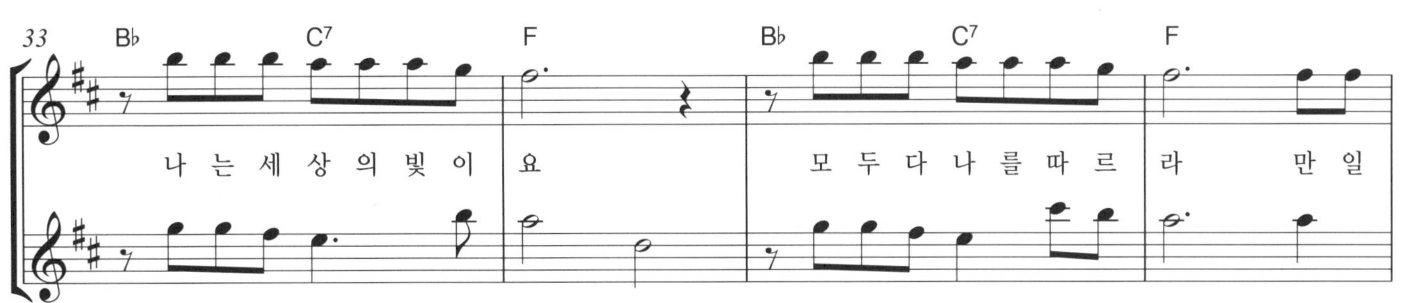

B♭   C7   F   B♭   C7   F
나 는 세 상 의 빛 이 요 모 두 다 나 를 따 르 라 만 일

Gm7   C7   F   B♭   Gm7   C7   F
내 게 오 고 날 사 랑 하 – 면 참 생 명 의 길 을 알 리 라

D.C. al Coda

21 세상에서 방황할 때

(셀라 2060)

Words & Music by 안철호
Arr. by 서성범

이 죄
인 의 애통함을 예수께 서 들으셨네 못 자
국 난 사랑의 손 나를 어 루만지셨네 내 주
여 이 죄인이 다시 눈 물을 흘립니다 오 내
주 여 나이제 는 아무 걱 정없어-요 이 죄
걱 정없어-요 내주 걱 정없어-요
D.S. al Coda

사랑하는 나의 아버지

22
(셀라 1034)
Words & Music by Bob Fitts
Arr. by 서성범

C   Em   F   Dm7   F   G7   C   G7

C   Em7   F   Dm7   F   G7   C

C   CM7   Dm7   F   G7   C   F
사 랑 하 는 나 의 아 버 지 - 이 름 높 여 드 립 니 다 주 의

C   CM7   Dm   Dm7   F   G7   C   G7
나 라 찬 양 속 에 임 하 시 니 - 능 력 의 주 께 찬 송 하 네 전 능 하 - 신

C   Em7   F   Dm7   F   G7   C   G7
하 나 님 찬 - 양 언 제 나 동 일 하 신 주 - - 전 능 하 - 신

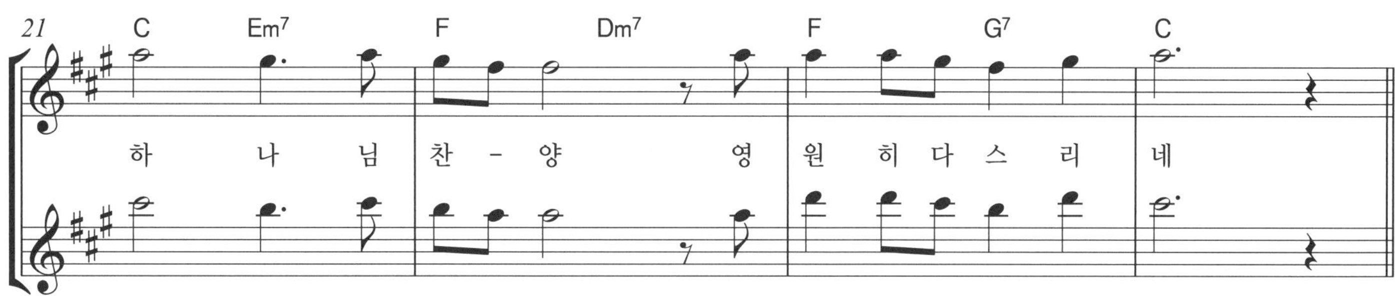

하 나 님 찬 - 양 영 원 히 다 스 리 네

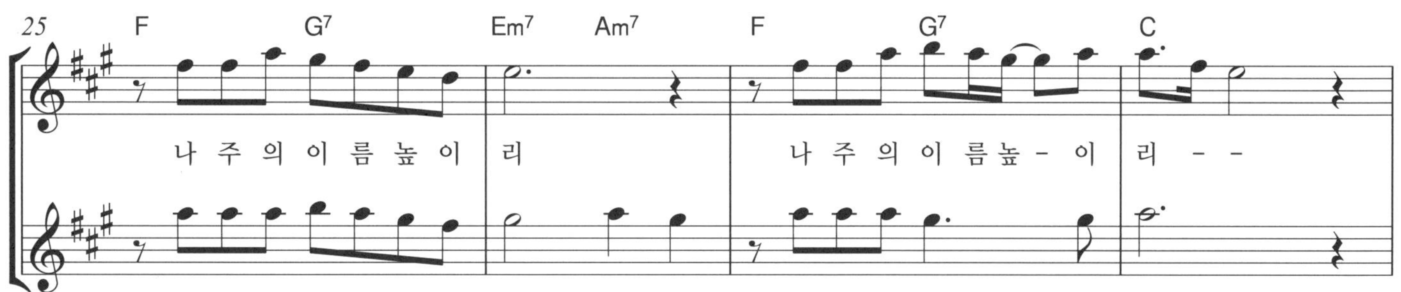

나 주의이름 높이리 나 주의이름 높 - 이 리 - -

하 늘 높이 올린 깃 - 발 - 처럼 - - 주의이름 높 - 이 리 전 능 하 - 신

하 나 님 찬 - 양 언 제 나 동 일 하 신 주 - - 전 능 하 - 신

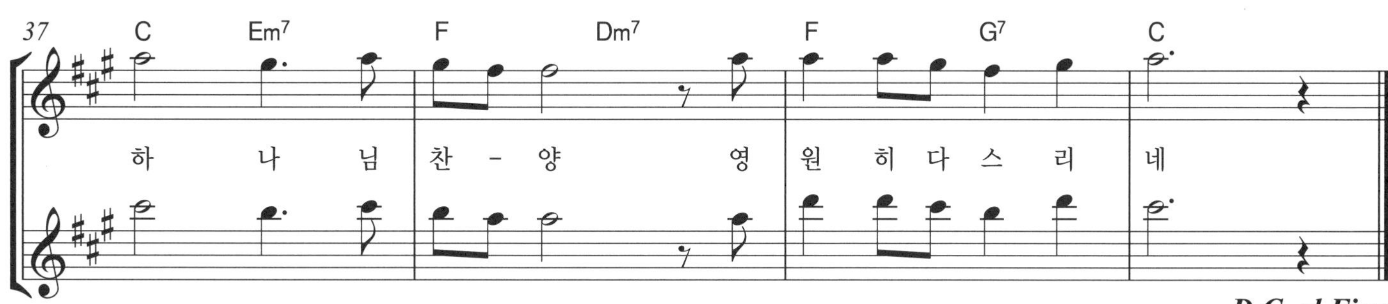

하 나 님 찬 - 양 영 원 히 다 스 리 네

D.C. al Fine

23 실로암

(셀라 1040)

Words & Music by 신상근
Arr. by 서성범

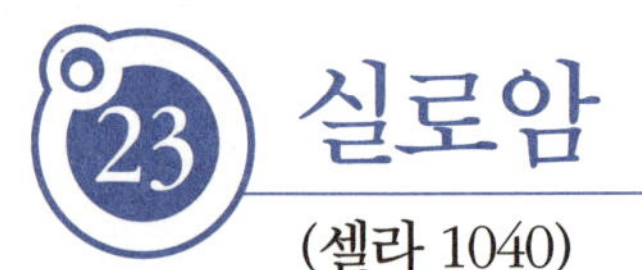

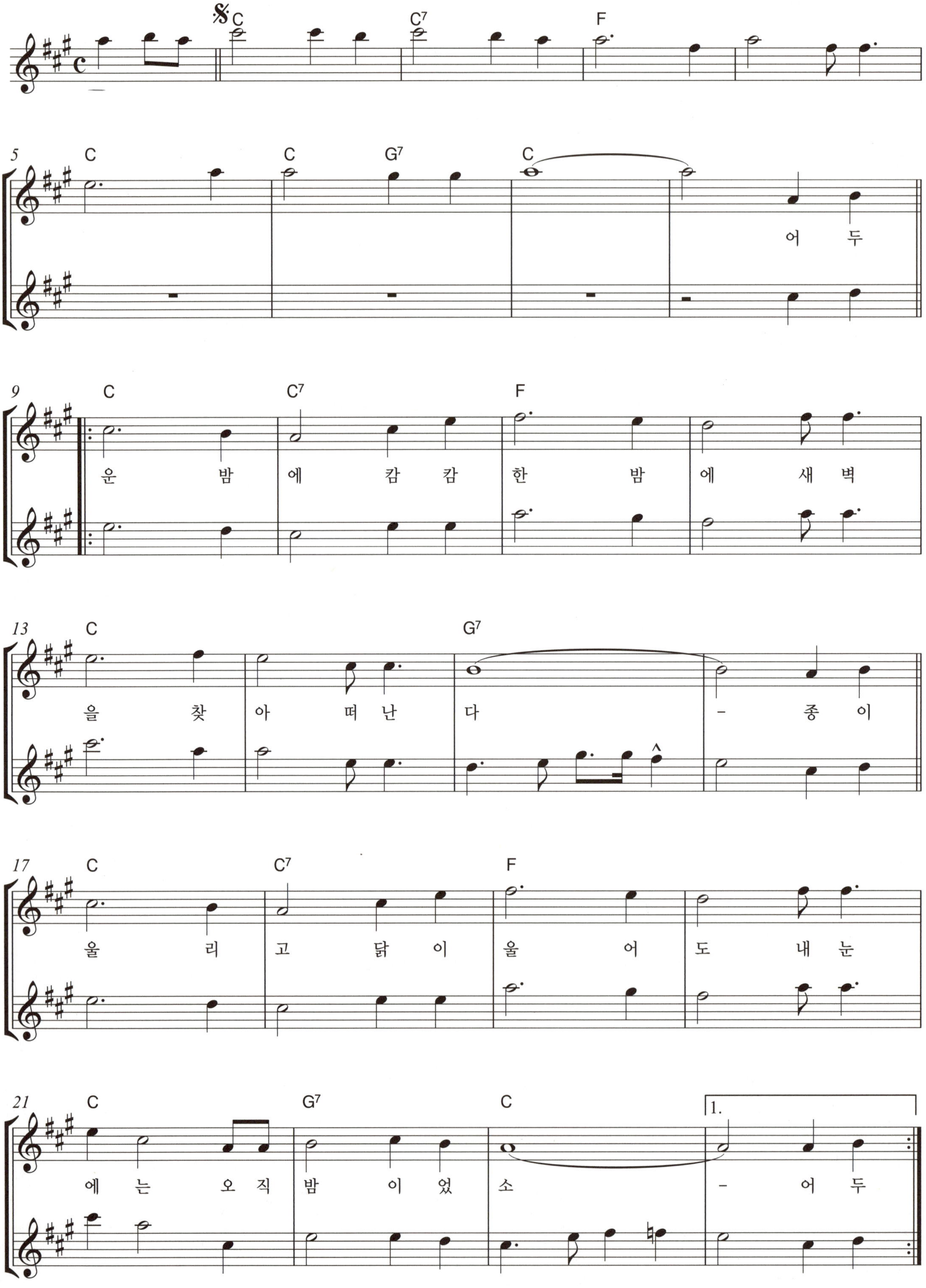

2. C   C   C⁷   F
소 오주 - 여   당신께 감사하   리 라 실로

C   G⁷
암 내게   주심을   - 나에 -

C   C⁷   F
게 영원   한 사랑   속 에 서   떠 나

C   C   G⁷   1.C
지 않   게 하 소   서   - 오 주 -

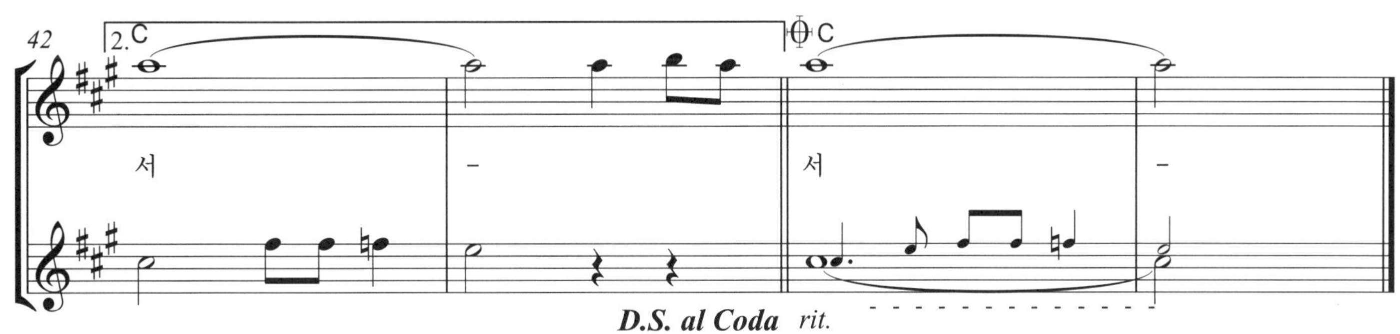
2.C   C
서   -   서   -
D.S. al Coda   rit.

24 사랑의 손길

(셀라 1914)

Words & Music by 문찬호
Arr. by 서성범

오 셔서 서 사랑의 손 길로 어루 만 지 셨 네 거절할
수 없어 외면할 수 없어 주님의 그 손을 잡았었 네 주님의
사 랑에 뜨거운 눈 물을 흘리고 야 말았 다 네
나를 위
야 말았 다 네 주님의 사 랑 에 뜨거운 눈 물을 흘리고
야 말았 다 네 -
D.S. al Coda

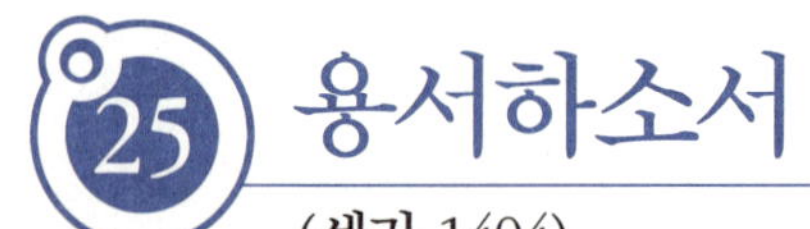

(셀라 1404)

Words & Music by 김석균
Arr. by 서성범

C   Am   F   C   G7
랑   받기만 하고 - 감사할줄 - 몰랐었 네 주님말

C   Am   F   C   G7   C
씀   듣기만 하고 - 실행하지 못 했었 네   아버

G7   C   F   D7   G7
지여 -   연약한 종을 - 용서하 여주옵소서   주님

C   C7   F   C   G7   C
명령 -   순종하면서 -   주를위 해살렵니 다.

26
오 신실하신 주

(셀라 1535)
Words & Music by 최용덕
Arr. by 서성범

C
F
G7
C

C
F
C
G7
하 나 님 한 번 도   나 를 -   실 망 시 킨 적 없 으   시 고 -

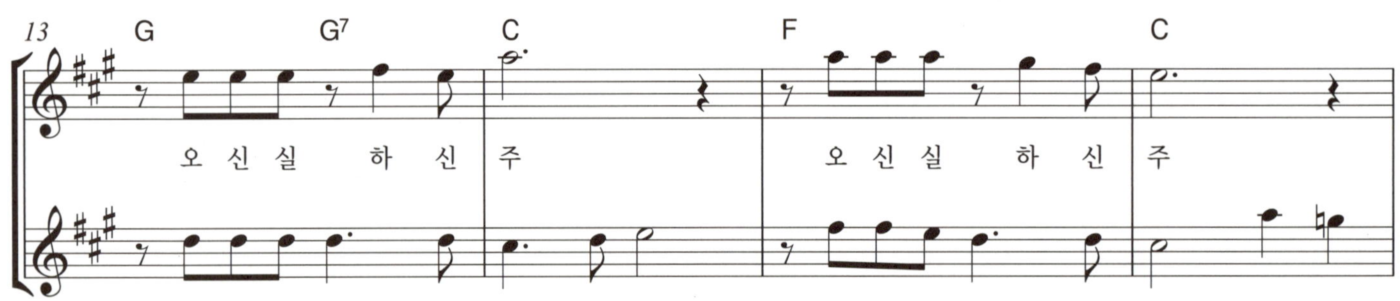

C
F
F#dim
G
G7
C
언 제 나 공 평 과   은 혜 - 로   나 를 - - 지 키 셨   네

G
G7
C
F
C
오 신 실 하 신 주   오 신 실 하 신 주

F
C
D7
F
G7
내 너 를 떠 나 지 도   않 으 리 라   내 너 를 버 리 지 도   않 으 리 라

C
F
D7
G
약 속 하 셨 던 주 님 -   그 약 속 을 지 키 사 -   이

25
C
F
G
G7
C
후 로 도 영원 토록 - 나를 지키시리라 확신하 네
D.S. al Coda

29
G
G7
C
F
C
오 신 실 하 신 주
오 신 실 하 신 주

33
F
C
D7
F
내 너를 떠나지도
않 으 리 라
내 너를 버리지도
않 으 리 라

37
C
F
D7
G
약 속 하 셨던 주님 -
그 약 속 을 지키사 - 이

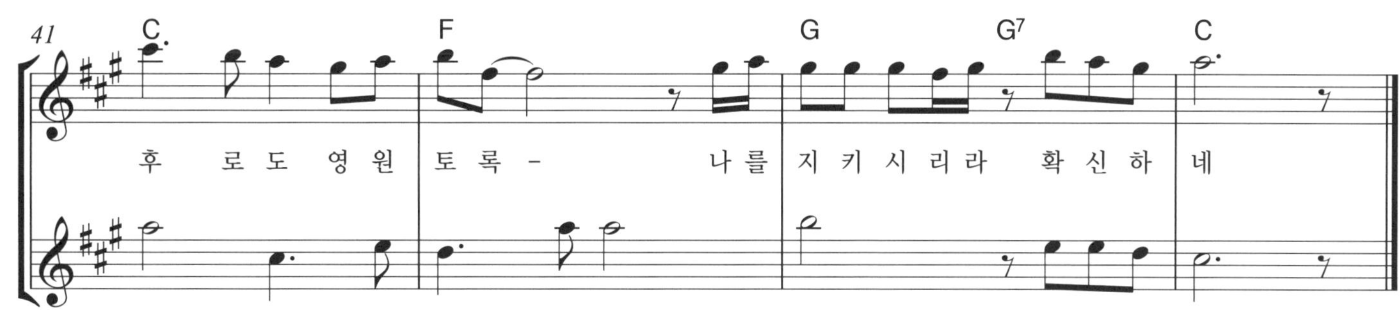
41
C
F
G
G7
C
후 로 도 영원 토록 - 나를 지키시리라 확신하 네

27
주 예수 사랑 기쁨

(셀라 2247)
Words by David Clydesdale
Music by DP. George W. Cooke
Arr. by 서성범

C
G7
C
주 예 수

C
G7
C
사 랑 기 쁨 내 마 음 속 에 내 마 음 속 에 내 마 음 속 에 주 예 수

C
G7
C
사 랑 기 쁨 내 마 음 속 에 내 마 음 속 에 있 네 나 는 기

F
C
G7
C
뻐 요 - 정 말 기 뻐 요 주 예 수 사 랑 기 쁨 내 맘 에 나 는 기

F
C
G7
C
뻐 요 - 정 말 기 뻐 요 주 예 수 사 랑 기 쁨 내 맘 에 주 예 수

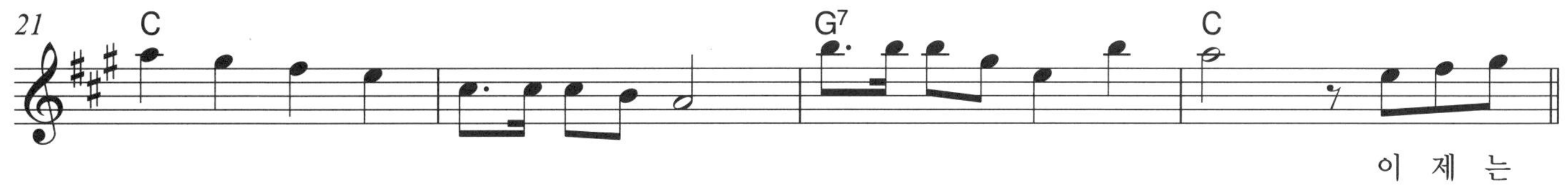
이 제 는

해 방 됐 네 예 수 안 에 서 예 수 안 에 서 예 수 안 에 서 이제는

해 방 됐 네 예 수 안 에 서 예 수 안 에 서 해 방 나 는 기

뻐 요 - 정 말 기 뻐 요 주 예 수 사 랑 기 쁨 내 맘 에 나 는 기

뻐 요 - 정 말 기 뻐 요 주 예 수 사 랑 기 쁨 내 맘 에

벙어리가 되어도

(셀라 1030)

Words & Music by 문찬호
Arr. by 서성범

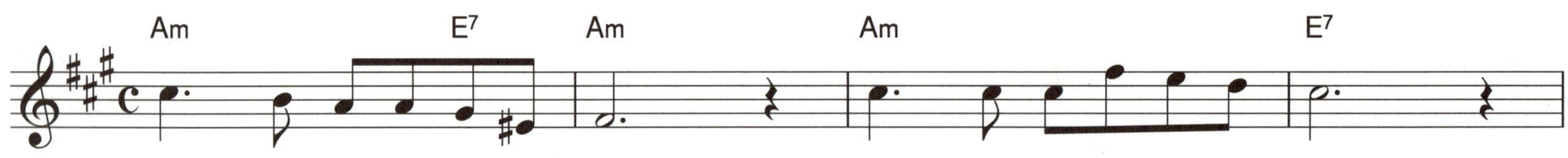

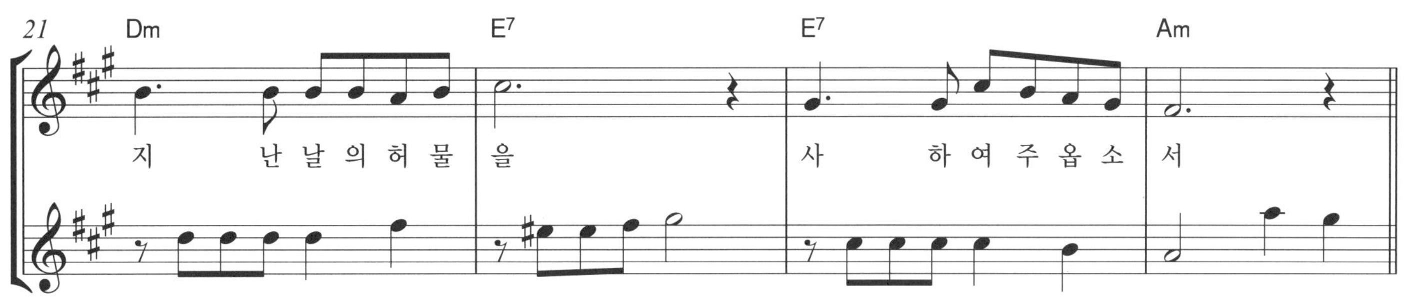
지 난 날의 허 물 을   사   하 여 주 옵 소 서

주   여   주   여   나   의 죄 를 위 - 하   여

주   여   주   여   십   자 가 를 지 셨   네

주 님 가 신 그 길 을   나 도 걸 어 야 하 네   -

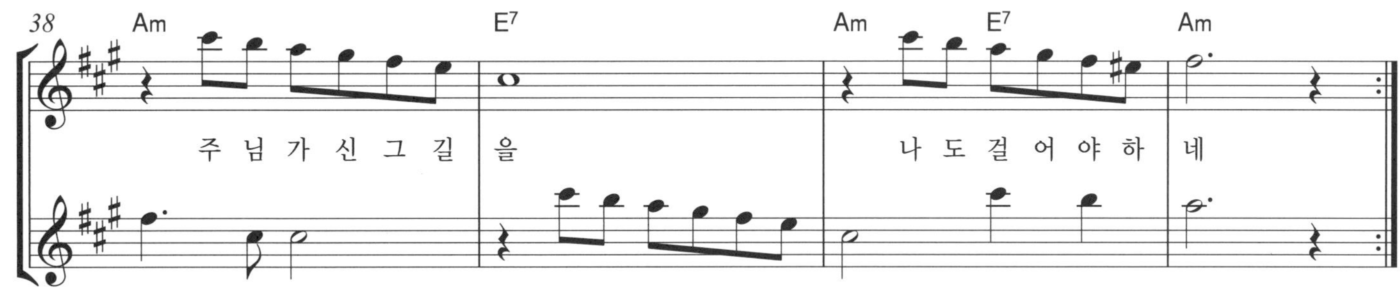
주 님 가 신 그 길 을   나 도 걸 어 야 하 네

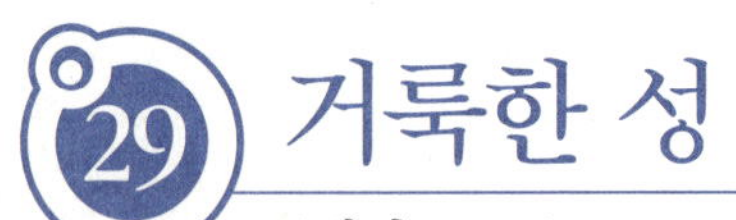
29
거룩한 성
(셀라 2779)

Words by F. E. Weatherly
Music by Stephen Adams
Arr. by 서성범

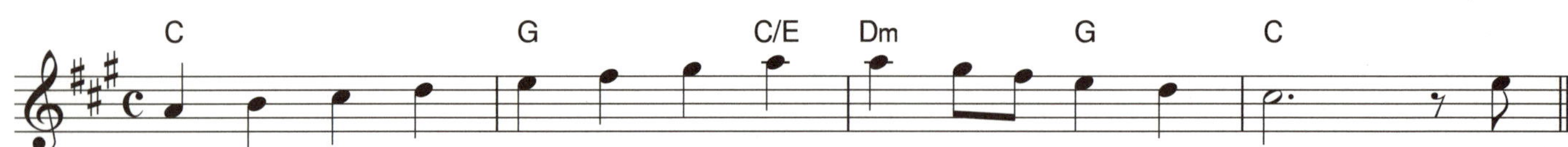
C   G   C/E   Dm   G   C

C   G⁷/D   F/G   C   C   F   D⁷   G⁷
어 젯 밤 에 잘 때 - 한 꿈 을 꾸 었 네 그 옛 날 예 루 살 렘 성 의 곁 에 섰 더 니 허

C   G⁷/D   F/G   C   C#dim   G⁷/D   D⁷   G/B
다 한 아 이 들 이 그 묘 한 소 리 로 주 찬 미 하 는 소 리 참 청 아 하 도 다 천

D⁷/A   G⁷/B   Em   Am   G⁷/D   D⁷   G⁷
군 과 천 사 들 - 이 화 답 함 과 같 이 예

C   G⁷   C   F   C
루 살 렘 예 루 살 렘 그 거 룩 한 성 아 호

G⁷   Em   Am   Dm   C   G⁷ Em⁷   C
산 나 노 래 하 자 호 산 나 - - 부 르 자

꿈 이 다 시 변 하 여 그 길 은 고 요 코 호 산 나 찬 미 소 리 들 리 지 않 는 다 햇
빛 은 아 주 어 둡 고 그 광 명 참 담 해 이 는 십 자 가 에 달 리 신 그 때 의 일 이 라 이 는
십 자 가 에 달 리 신 그 때 의 일 이 라 예
루 살 렘 예 루 살 렘 그 거 룩 한 성 아 호
산 나 노 래 하 자 호 산 나 - - 부 르 자

그

꿈이다시변하여이 세상다가-고 그 땅을내가보니 그 유리바다와 그

후에환한영광이다 창에비치니 그 성 에들어 가 는자참

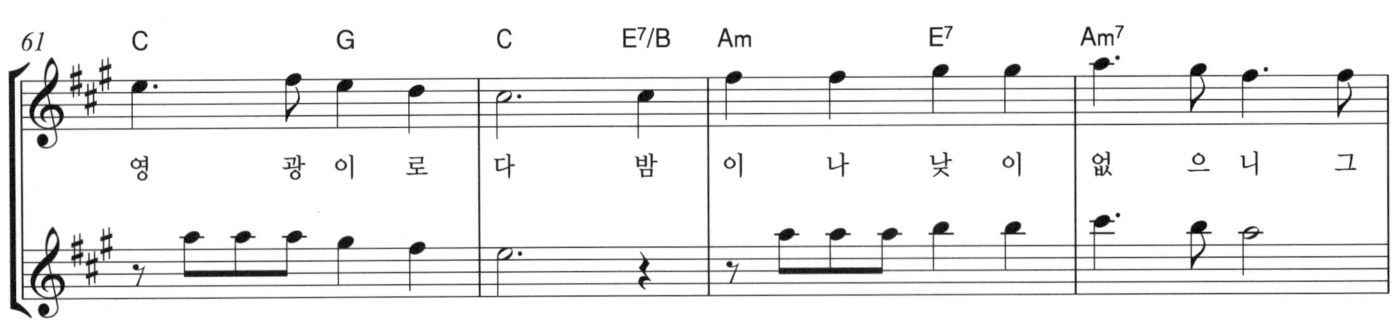
영 광이로 다 밤 이 나 낮 이 없 으 니 그

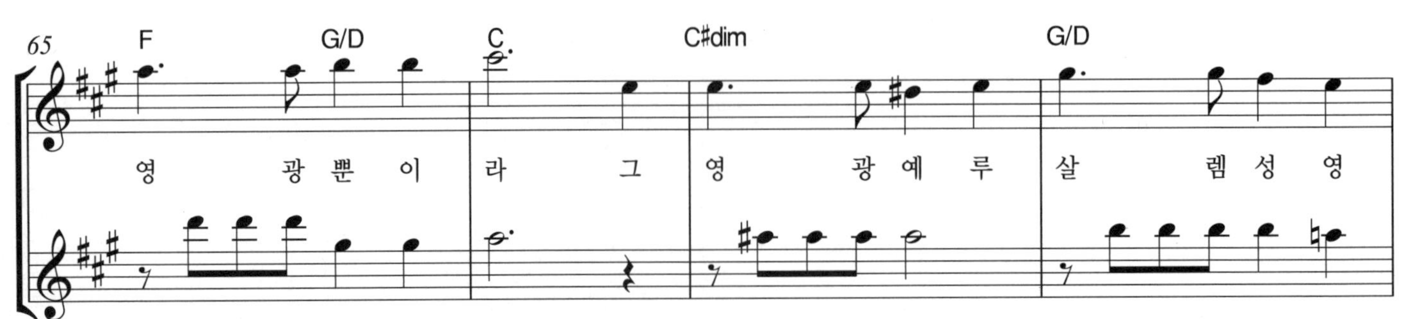
영 광뿐이 라 그 영 광예루 살 렘성영

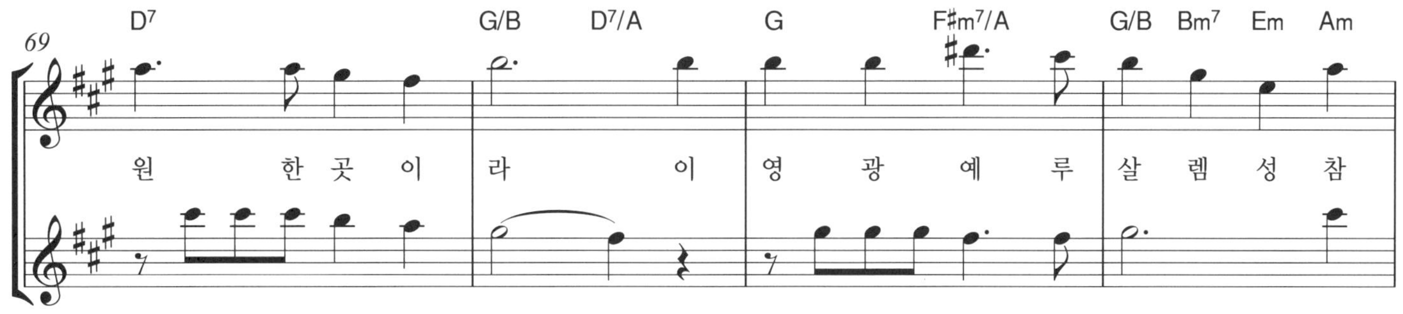
원 한 곳 이 라 이 영 광 예 루 살 렘 성 참

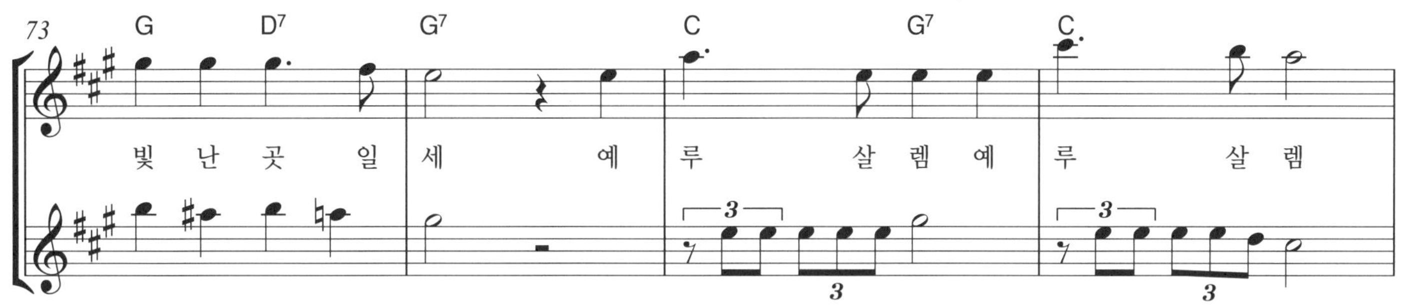
빛 난 곳 일 세 예 루 살 렘 예 루 살 렘

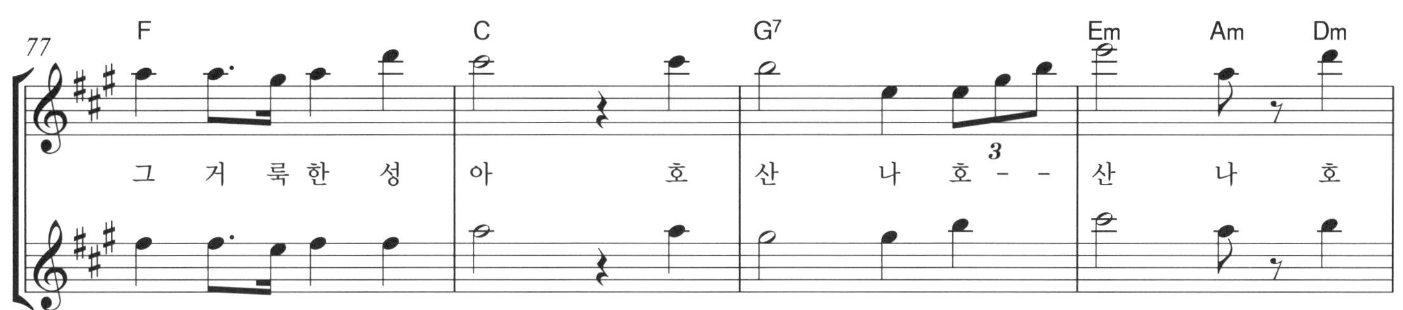
그 거 룩 한 성 아 호 산 나 호 - - 산 나 호

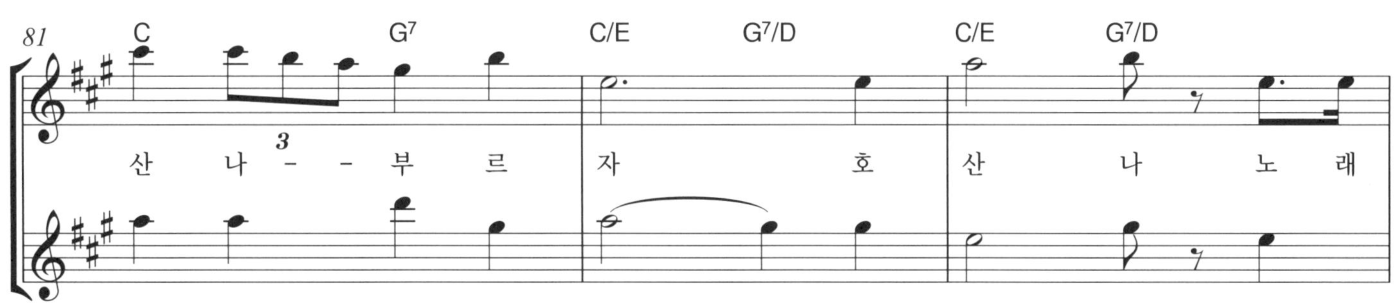
산 나 - - 부 르 자 호 산 나 노 래

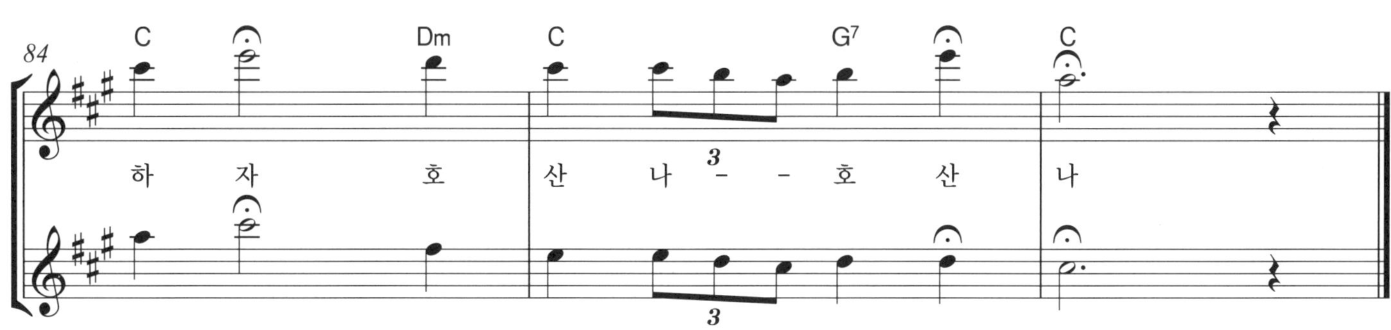
하 자 호 산 나 - - 호 산 나

30 나 주의 믿음 갖고

(셀라 1829)

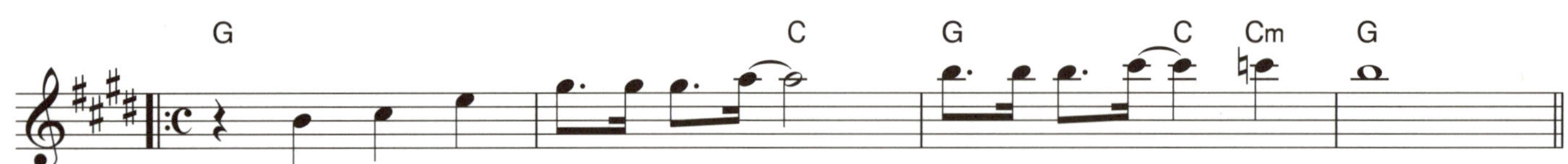

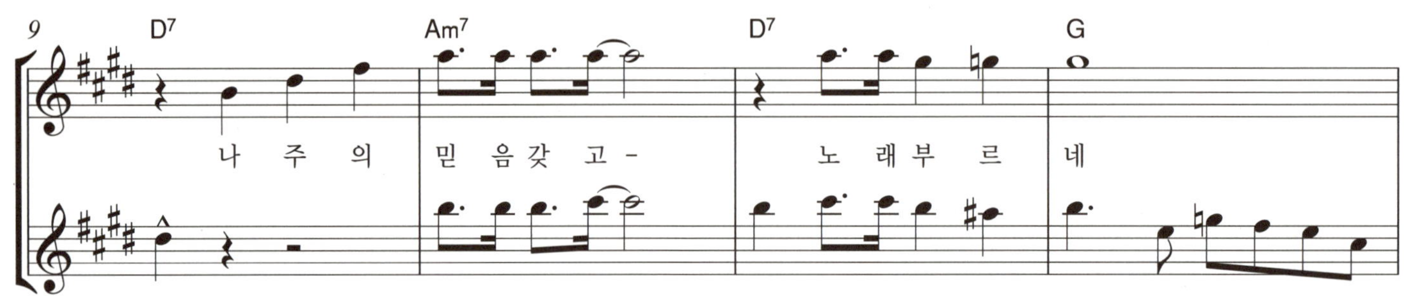

25
G
D7
G
세 상 끝 까 지
주 를 믿 으 리

29
G
G7
C
폭 풍 구 름
몰 아 치 고 -
하 늘 덮 어 도
도

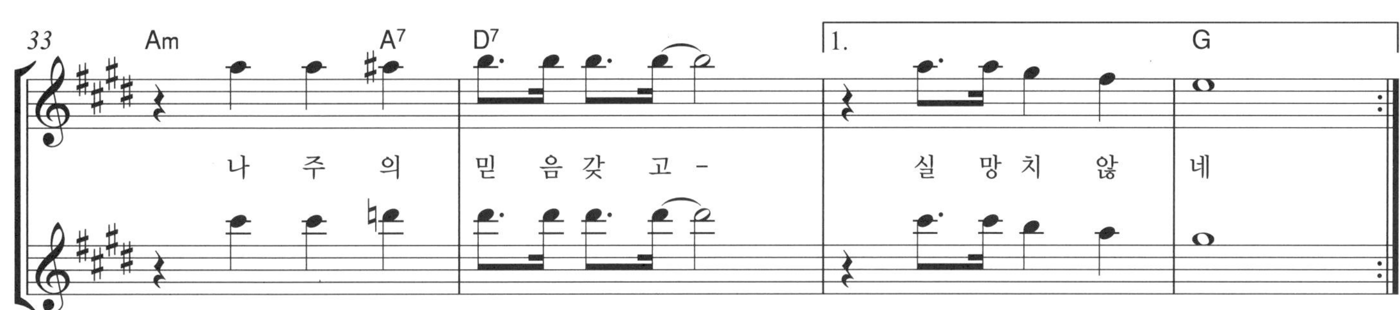
33
Am
A7
D7
1.
G
나 주 의
믿 음 갖 고 -
실 망 치 않
네

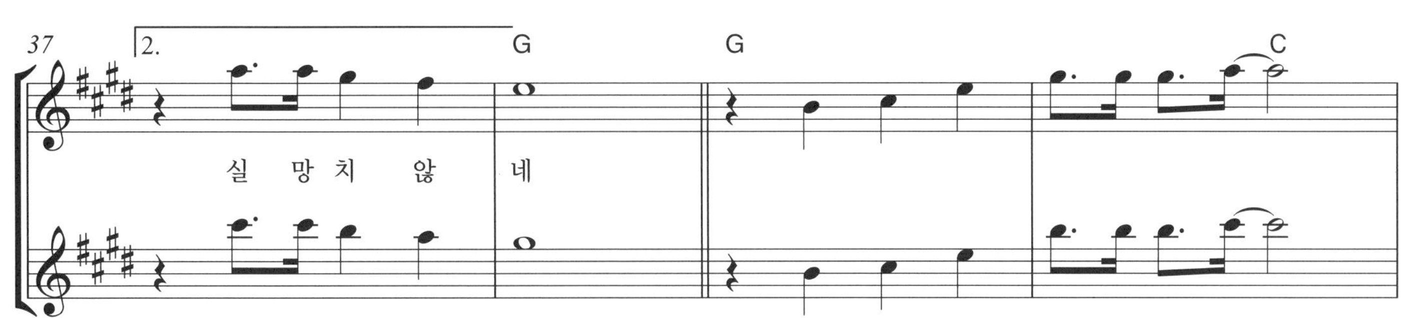
37
2.
G
G
C
실 망 치 않
네

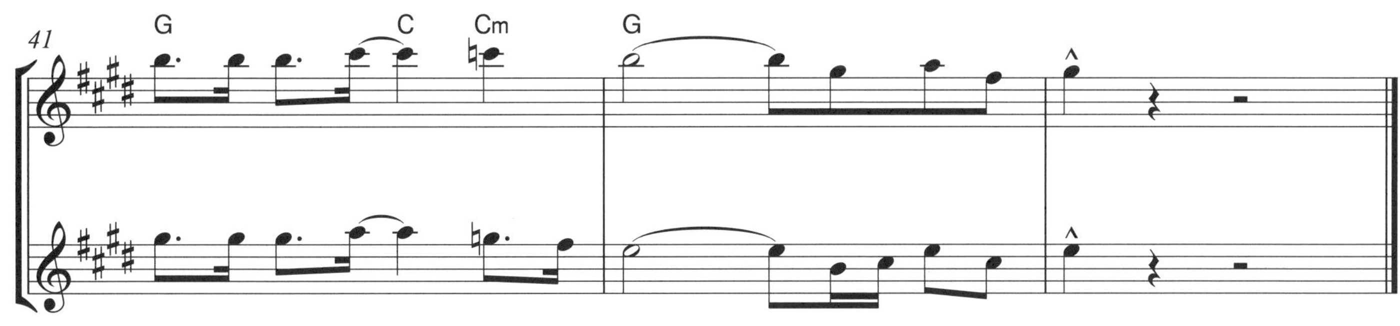
41
G
C
Cm
G

십자가의 길 (ver.1)

(셀라 1861)

Words & Music by 김석균
Arr. by 서성범

한 방
울 -또한방울 뜨거운 눈물흘릴때 저들모 두큰소리
로 희롱하 며비-웃었네 옆구 리 -창에찔려 흘러
내 린저붉은피 죽음의 -골고다를 누굴위 해가셨나
요 -주님 의 뜨거운눈물 내가어 찌알리요 주님
의 뜨거운눈물 내가어 찌알리-요

32
호산나
(셀라 1064)
Words & Music by Carl Tuttle
Arr. by 서성범

C
D7
G

5
C
D7
G

9
C
D7
G
G6
C
D7

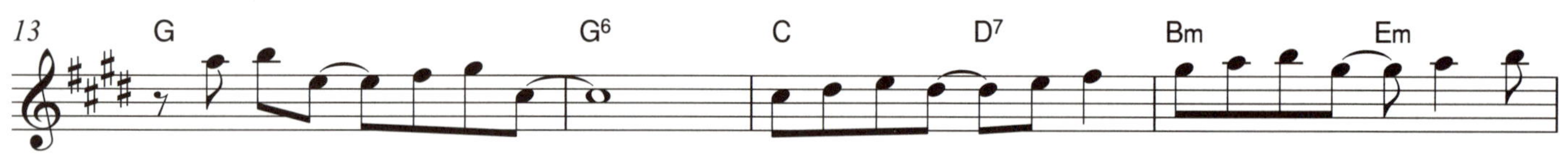

13
G
G6
C
D7
Bm
Em

17
A7
A7(b5)
D7
D7
호

21
G
D7
Em
C
D7
산 - 나 호 산 - 나 호 산 나 높은 곳 에 서 호

25
G
D7
Em
C
D7
산 - 나 호 산 - 나 호 산 나 높을 곳 에 서

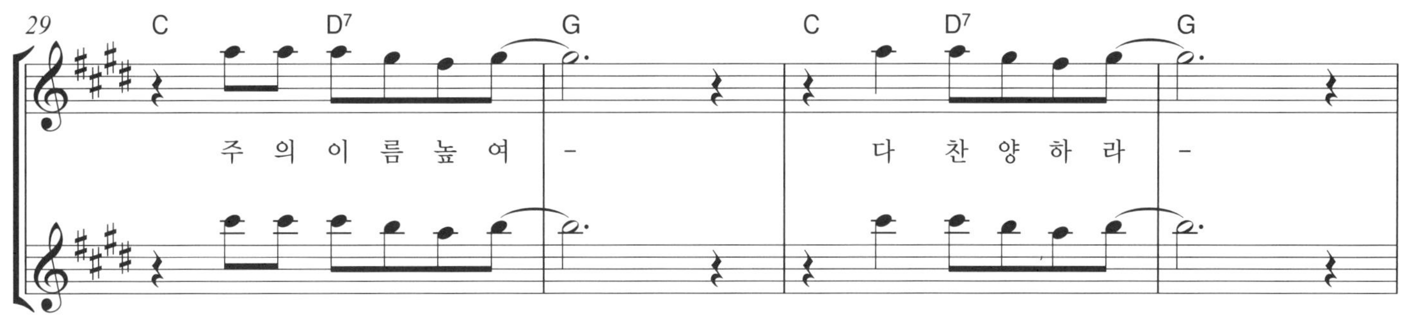

29
C   D7   G   C   D7   G
주 의 이 름 높 여 -   다 찬 양 하 라 -

33
C   D7   G   Em   C   D7   1.G   2.G
귀 하 신 주 나 의 하 나 님 호 산 나 높 이 외 치 세 세   호   세

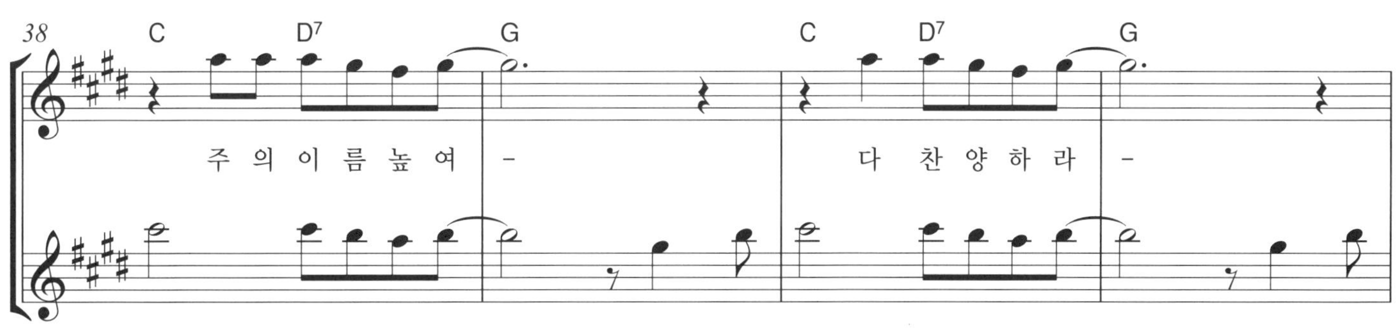

38
C   D7   G   C   D7   G
주 의 이 름 높 여 -   다 찬 양 하 라 -

42
C   D7   G   Em   C   D7   G
귀 하 신 주 나 의 하 나 님 호 산 나 높 이 외 치 세

지존하신 주님 이름 앞에

Words & Music by Chris A. Bowater
Arr. by 서성범

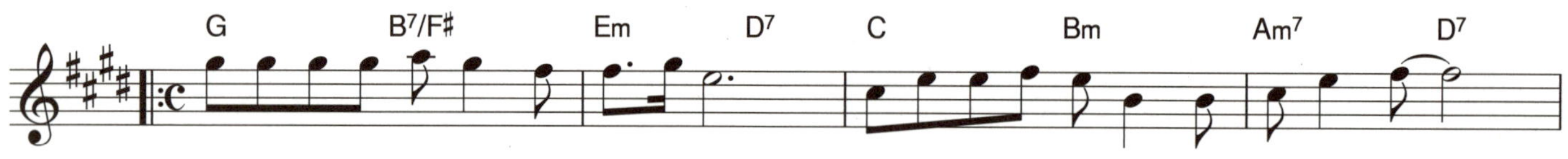

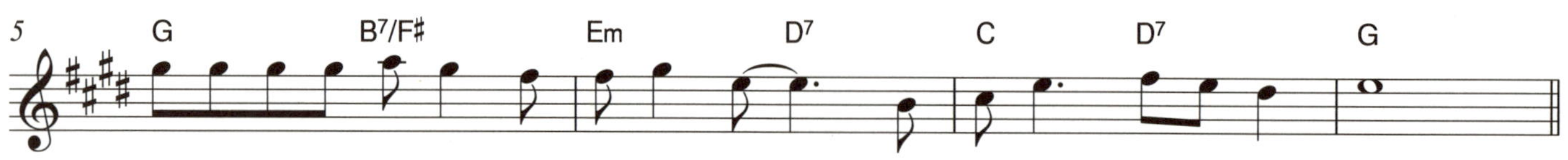

17
G   B7/F#   Em   D7   C   Bm   D   D7
예 수 는 그리스 도   예 수 는 주

21
G   B7/F#   Em7   C   Am7   G/D   D7   C   G
하 나 님 의   영 으 로 -   경 배 드 - 리 리 -

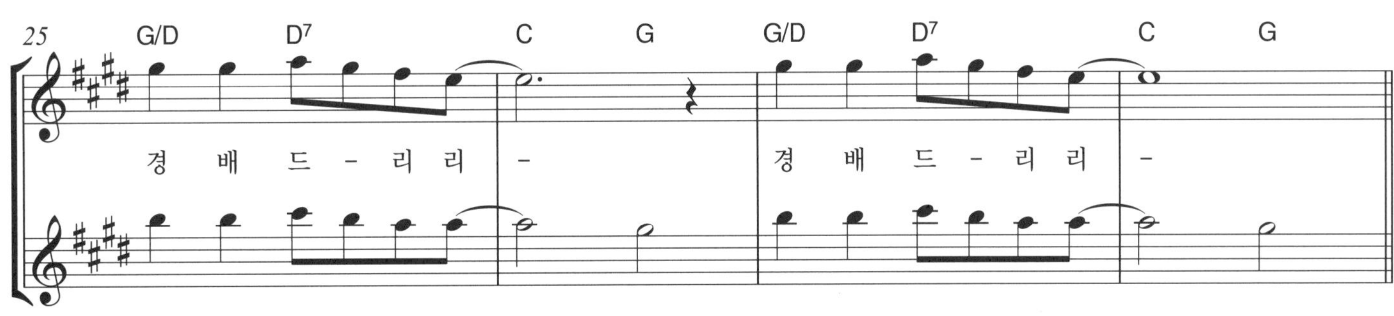
25
G/D   D7   C   G   G/D   D7   C   G
경 배 드 - 리 리 -   경 배 드 - 리 리 -

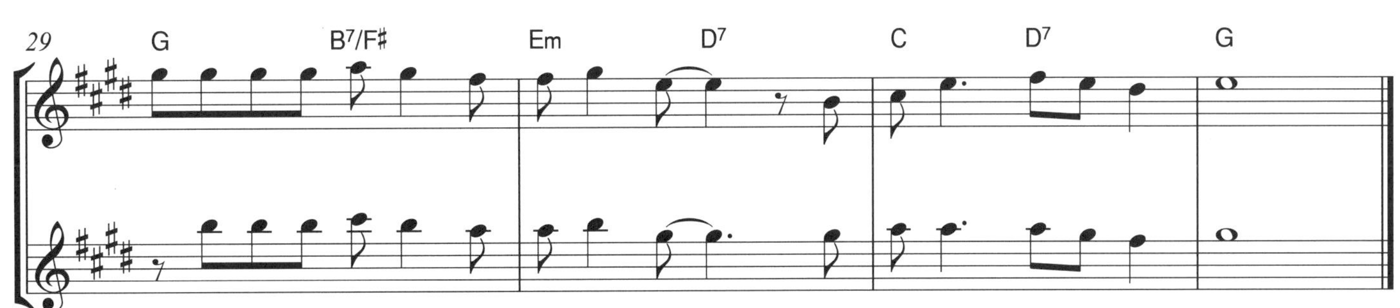
29
G   B7/F#   Em   D7   C   D7   G

34
주의 이름 높이세
(셀라 1478)
Words & Music by A. Tee
Arr. by 서성범

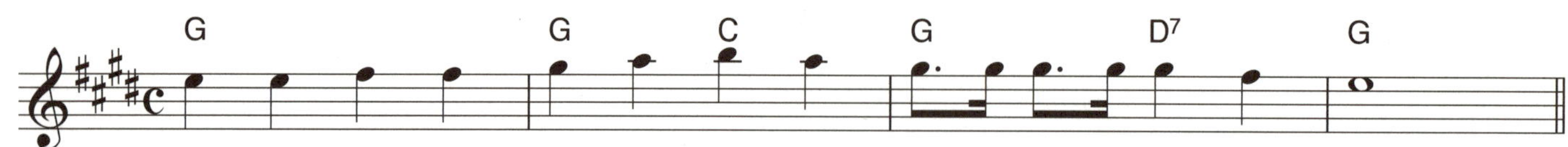

G   G   C   G   D7   G

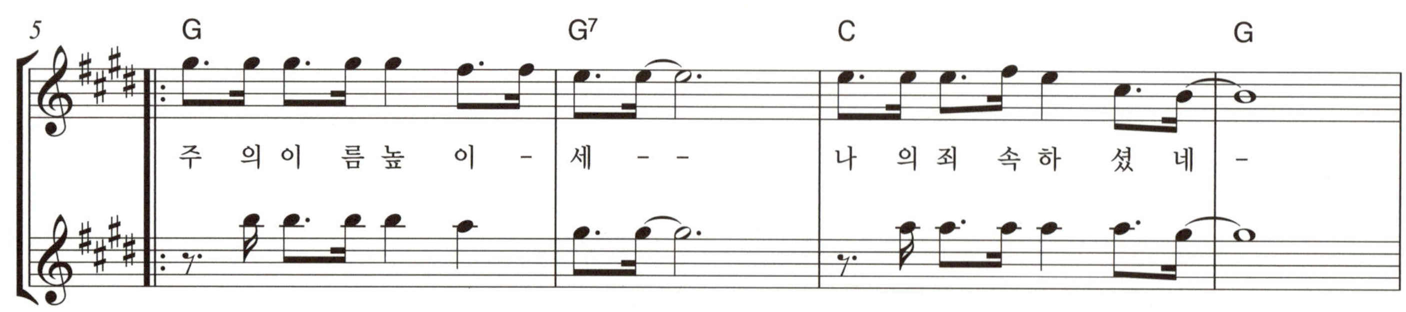

G   G7   C   G
주 의이름높 이 - 세 - -   나 의죄 속하 셨 네 -

D7   G   A7   D7
은 혜 또한 -   풍 성 히 -   나 에 게주 셨   네

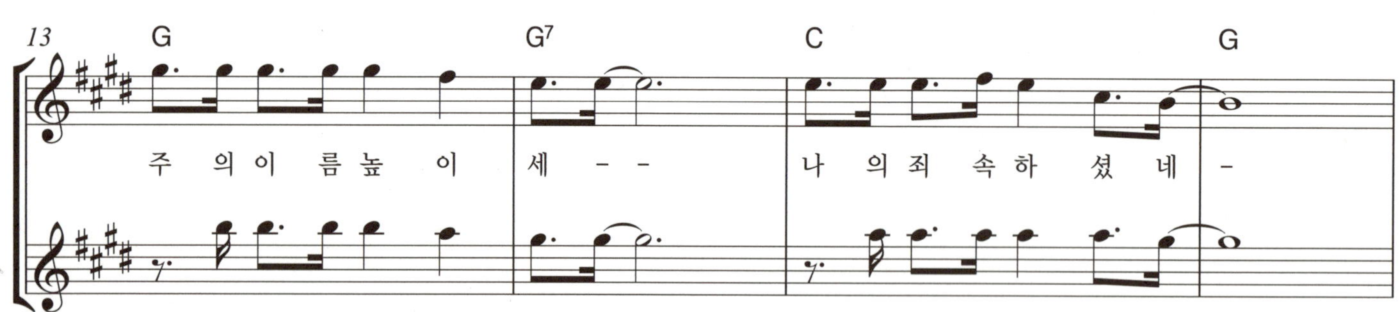

G   G7   C   G
주 의이름높 이   세 - -   나 의죄 속하 셨네 -   -

G   D7   G   C   G   D7   G
내 게 승리 -   주 신 예수   주 의이름높이   세

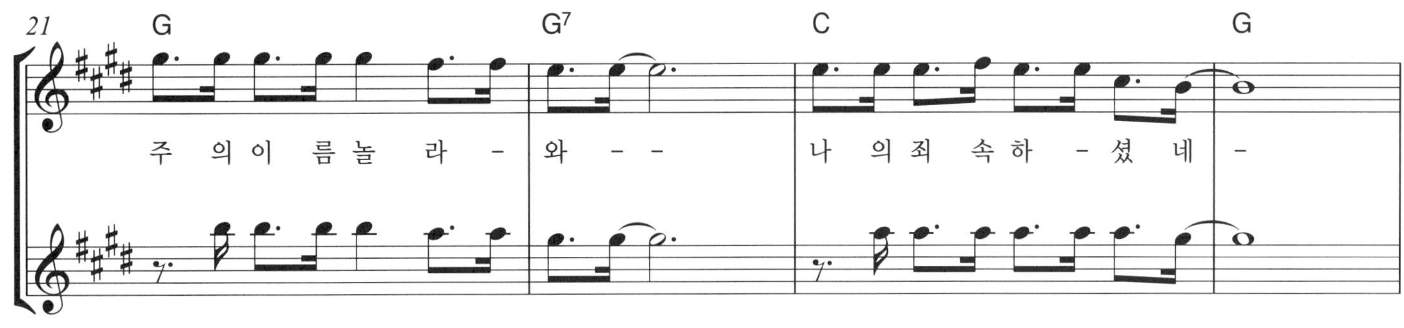
주 의 이 름 놀 라 - 와 - - 나 의 죄 속 하 - 셨 네 -

은 혜 - 또 한 - 풍 - 성 히 - 나 에 게 주 셨 네

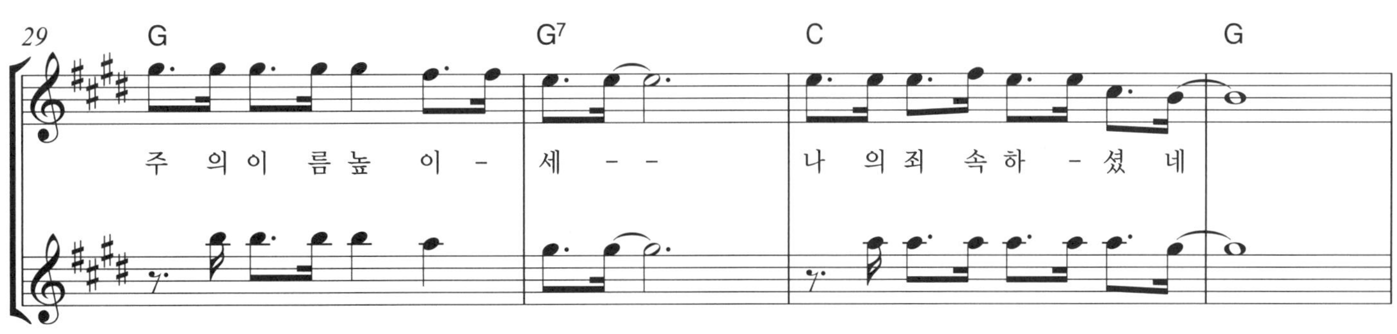
주 의 이 름 높 이 - 세 - - 나 의 죄 속 하 - 셨 네

내 게 승 리 - 주 신 - 예 수 주 의 이 름 높 이 세

35. 저 하늘에는

(셀라 1351)

저 하늘에는 눈물이 없네 거기는 즐거움 있네

저 하늘에는 눈물이 없네 거기는 사 - 랑만 있 네

인간의 욕심은 사라져 버리고 영광만 가득하겠 네

우리의 주님과 함께 있을 때는 영원한 기 - 쁨 있겠 네

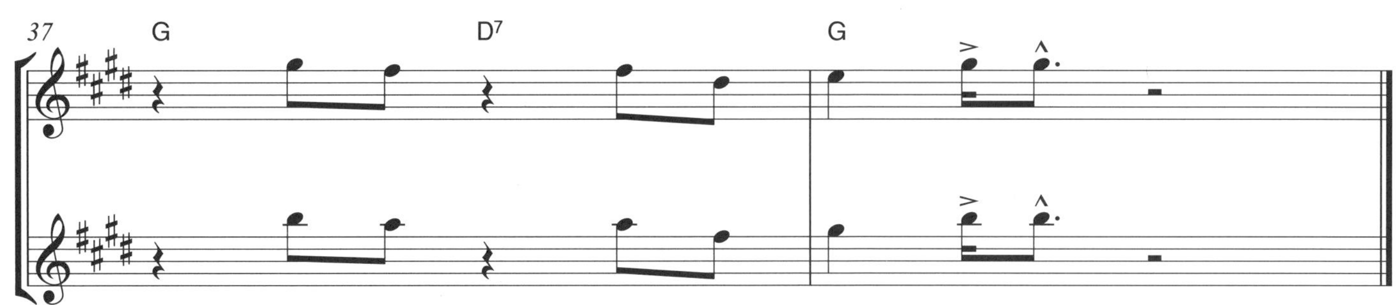

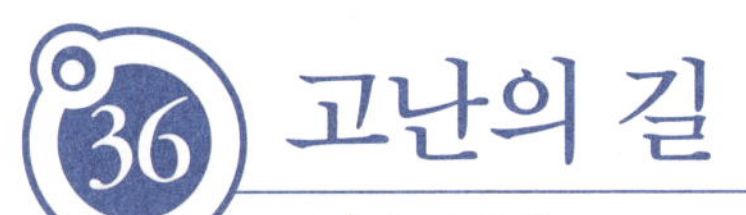

36 고난의 길

(셀라 1808)

Words by Billy Sprague
Music by Niles Borop
Arr. by 서성범

D.S. al Coda
네 갈보리-길
가시
에 주님은그길을걸어가셨 네 고난의-길 - 십
자가에서 흘린보혈은 예루살렘유다와 땅-끝까-지 - 구원
의강물이되어온세 상을덮었네세 - 상의모든죄를대속했네 모두 비웃고조롱하며떠났던
바 로그길을 이젠 너와내가가야만하 네 생명의-
길 - 우 - - - 우

주님만이
(셀라 3081)

Words & Music by 조효성
Arr. by 서성범

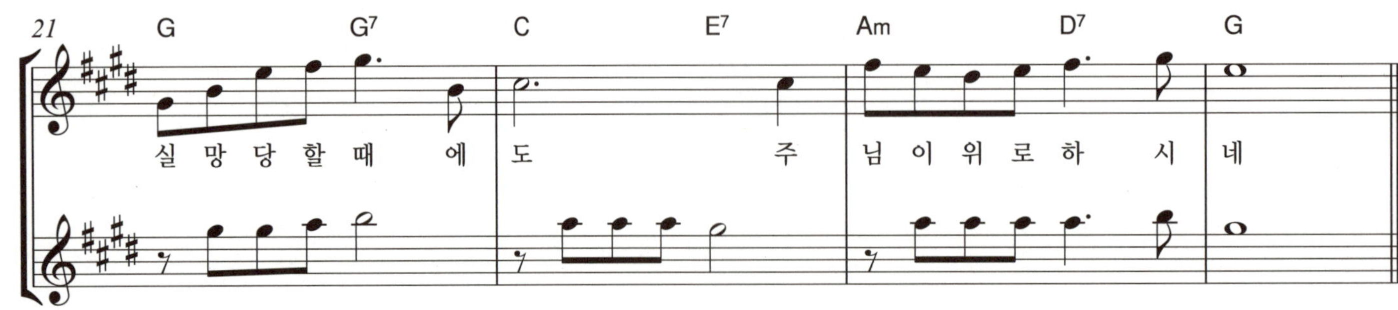

25
G   Am   D7   G   B7
주 님 만 - 이   내 힘 이 시 며
29
Em   Am   D7   G
오 주 님 만 - 이   날 도 우 시 네

33
G   Am   D7   G   B7
오 나 의 주 - 님   내 아 버 지 여
37
Em   Am   D7   G
오 나 의 주 - 님   내 사 랑 이 여

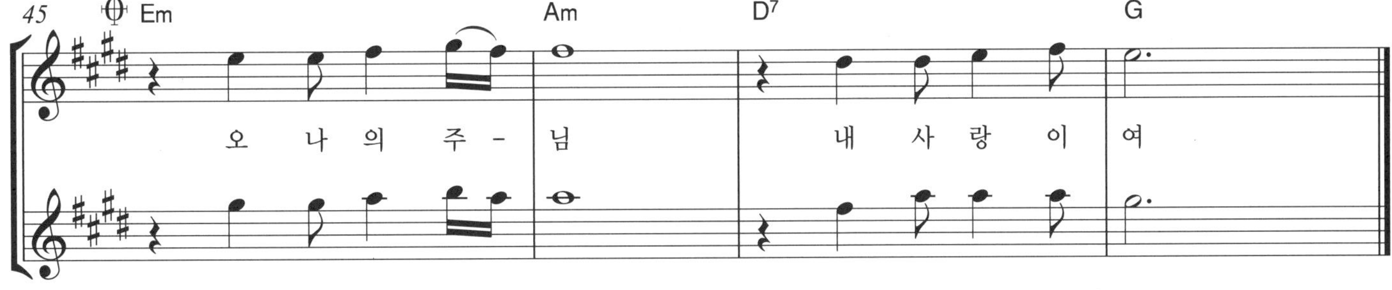
41
G   G7   C   E7   D7   G
나
D.S. al Coda
45
Em   Am   D7   G
오 나 의 주 - 님   내 사 랑 이 여

38 십자가의 길 (ver.2)

Words & Music by 김석균
Arr. by 서성범

한 방
Em G B7 Em
울 - 또한방울 뜨거운 눈물흘릴때 저들모 두큰소리
Em B7 D G B7 Em
로 희롱하 며비-웃었네 옆구리 -창에찔려 흘러
G B7 Em D7 G D7
내 린저붉은피 죽음의 -골고다를 누굴위 해가셨나
Am7 D7 G B7 Em D C
요 -주님 의 뜨거운눈 물 내가어 찌알리요 주님
B7 Em G D7 G B7
의 뜨거운눈 물 내가어 찌알리-요
Em D F#m7(b5) B7 Em

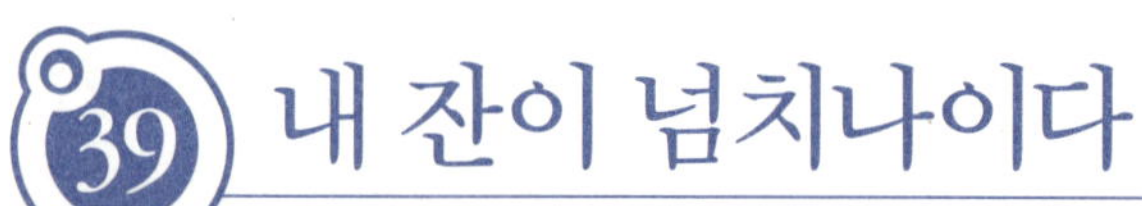

39 내 잔이 넘치나이다

(셀라 2107)

Words & Music by L. Anderson
Arr. by 서성범

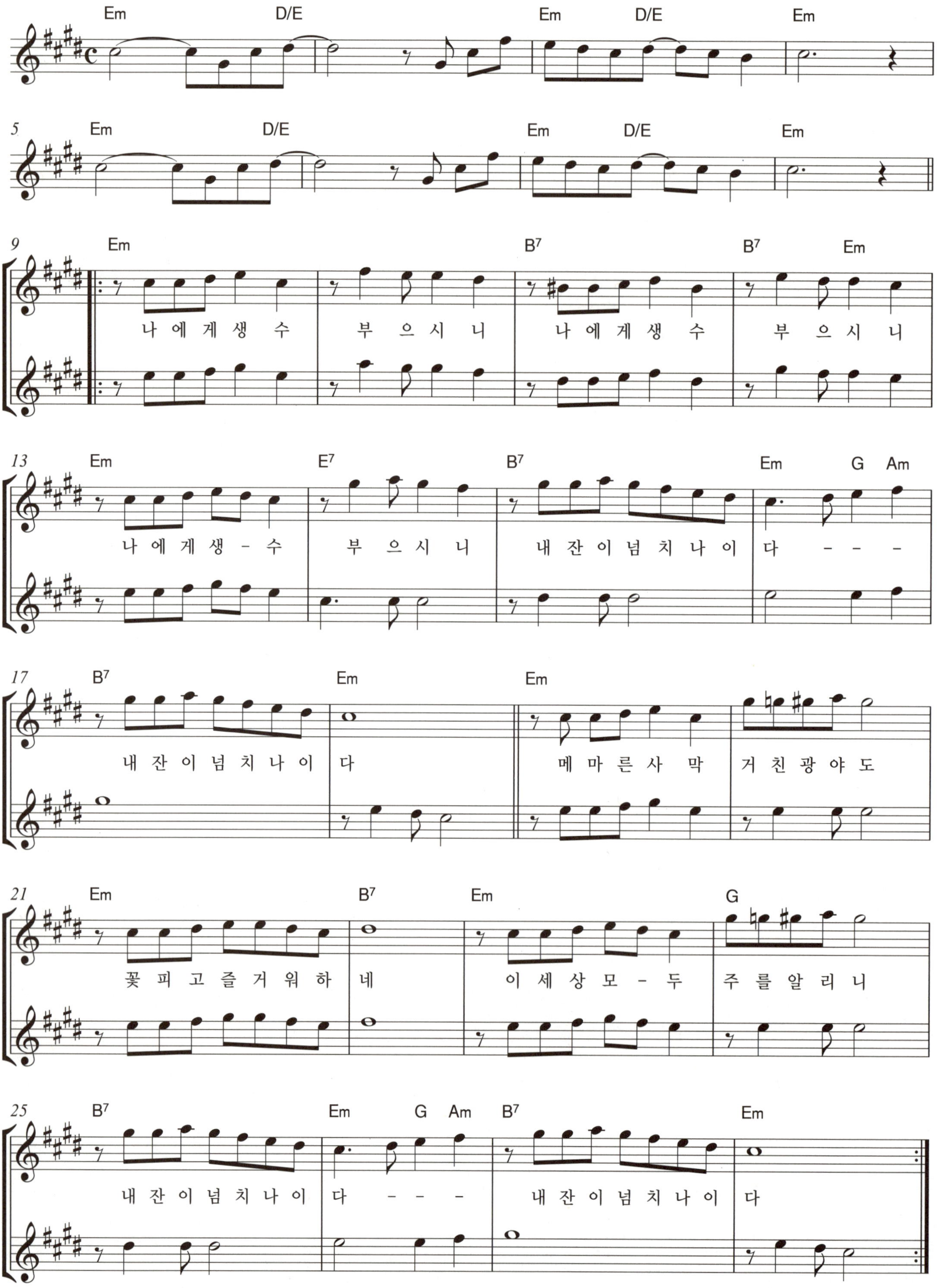

나에게생수 부으시니 나에게생수 부으시니 나에게생-수
부으시니 내잔이넘치나이다 - - - 내잔이넘치나이다
할렐-루야 할렐루-야 할렐루야할렐루 야 할렐-루-야
할렐루-야 내잔이넘치나이다 - - - 내잔이넘치나이다
내잔이넘치나이다 내잔이넘치나이다

나의 참 친구

(셀라 1013)

Words & Music by 김석균
Arr. by 서성범

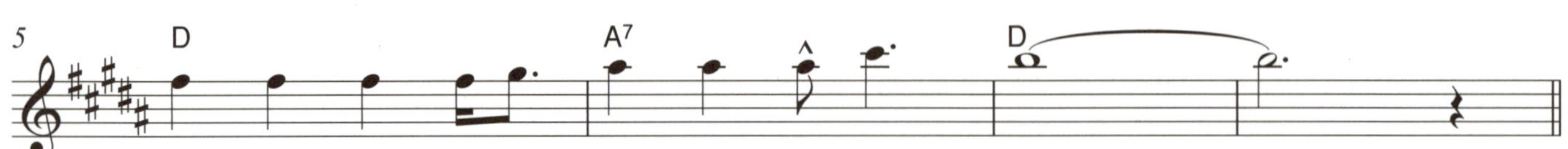

외 로 울 때 - 찾 아 와 서 친 구 가 되 어 주 는
사 랑 많 은 나 의 참 친 구 -
주 예 수 사 랑 하 리 라
나 의 생 명 다 할 때 까 지 -
주 예 수 사 랑 하 리 라
나 의 생 명 다 할 때 까 지 -
2nd time repeat
D.C. al Fine

41 주의 길을 걸어라

(셀라 2306)

Words by B. D. Ackley
Music by A. H. Ackley
Arr. by 서성범

주의인도따라 주님과함께 주의길을걸어 라
주님안엔항상 행복넘치리 주의길을걸어 라
주님 가신길을 걸 어 라 주의길을걸어 라 이땅
위의모든사람 구원얻게될 주의길을걸어 라

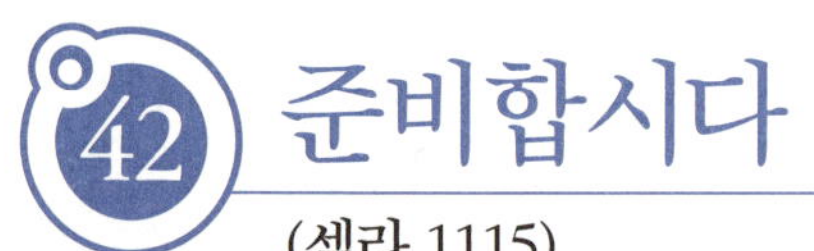

준비합시다
(셀라 1115)
Words & Music by 김대진
Arr. by 서성범
금 - 그 릇 은 그릇
금 그 릇 이 좋 을 까
질 그 릇 과 나 무 그 릇
은 그 릇 이 좋 을 까
귀 히 도
주 인 쓰
쓰 - 고
천 히 도 쓴 다 네
기 에 합 당 하 려 면
깨 끗 한 게 문 제 지
준 비 합 시 다
깨 끗 하 게 비 웁
시 다
나 의 사 랑 주 께 -
쓰 임 받 기 위 하 여
선 한 -
청 지 기 의 사 업
맡 기 려 고 합 니 다

누-구는 수 많은 재능들어있구요 - 누구는
주님께서 들 어서 쓰시고자하는자 는 언제나
아 무런 가 진것없어도 자기맘을비워서
깨끗한자랍니 다 준비합시 다 깨끗하게비웁
시 다 나의사랑 주 께- 쓰임받기위하여
선 한- 청 지기의사업 맡기려고합니 다

43

내 평생 살아온 길

(셀라 1018)

Words by 조용기
Music by 김성혜
Arr. by 서성범

21
D   Em   A⁷   D
다 언덕길을 지금 찾 아 옵 니 다 내 평
나 같

25
D   A⁷   D
은 못 난 인 간 주 께 서 살 리 시 려 하 늘

29
G   D   A⁷   D
의 영광 - 보 좌 모 두 다 버 리 시 고 천 하

33
G   D   Bm   A⁷
디 천 한 종 의 형 상 을 입 으 셨 네 아 -

37
D   Em   A⁷   D
아 주 의 사 랑 어 디 에 견 주 리 까

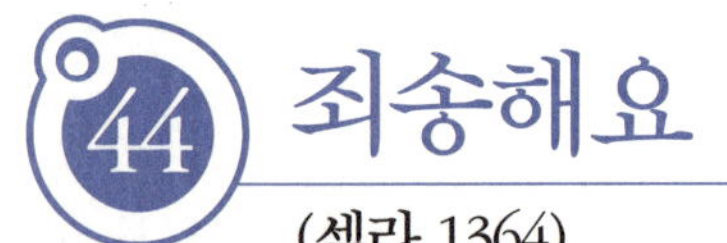

죄송해요

Words & Music by Anonymous
Arr. by 서성범

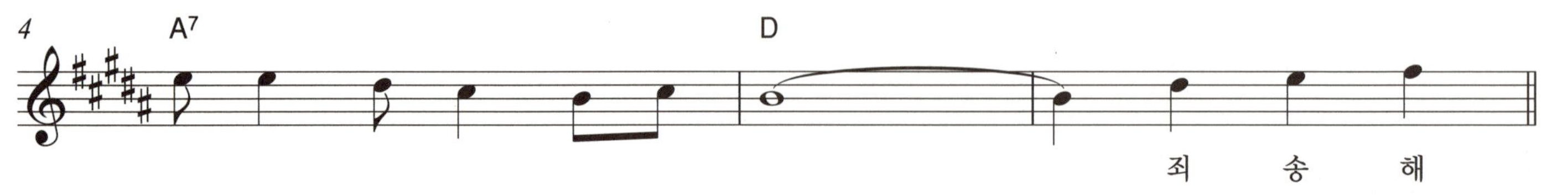

19
G   D   A7   D
널 리 이웃더러 오 라 했더니 그 때 모 든 사람들이 대 답 하 는 말 죄 송 해
Chapter 1

23   G   D   A7
요   죄 송 해 요 정 말 잔 치 에 갈 수 없소 장 가 가 야 하 고 소 도

27 D   G   D   A7
사 야 하 고 논과 밭 에 나 가 서 할 일 은 많 아 내 어 이 하 리 죄 송 해

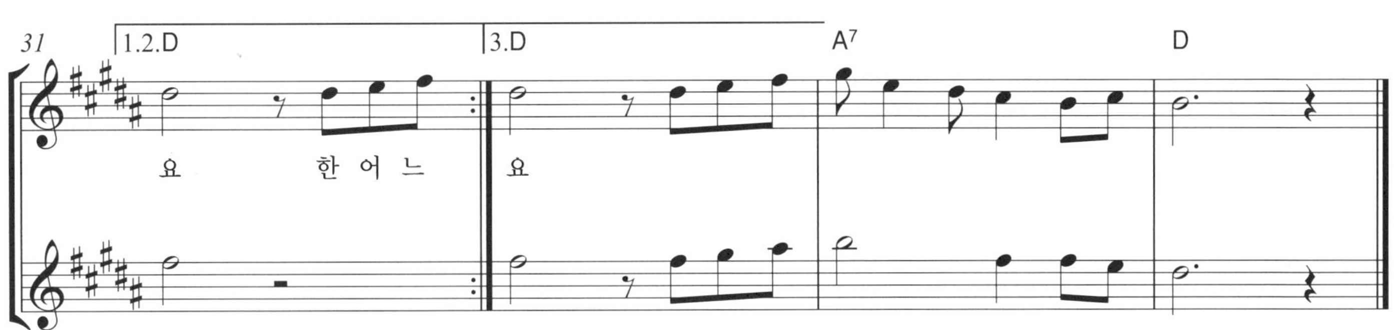

31 1.2.D   3.D   A7   D
요   한 어 느 요

45 나를 사랑하는 주님

(셀라 1134)

Words by Anonymous
Music by New Zealand Folk Song
Arr. by 서성범

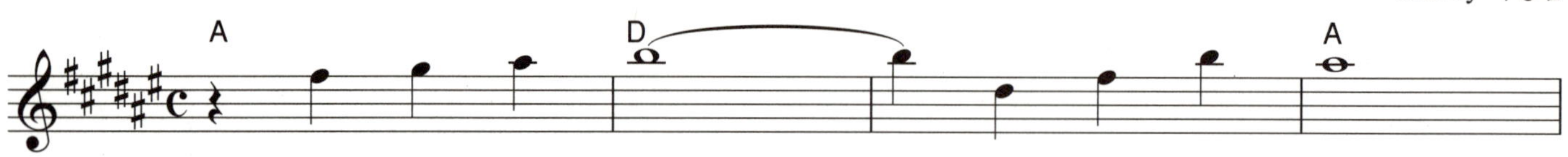

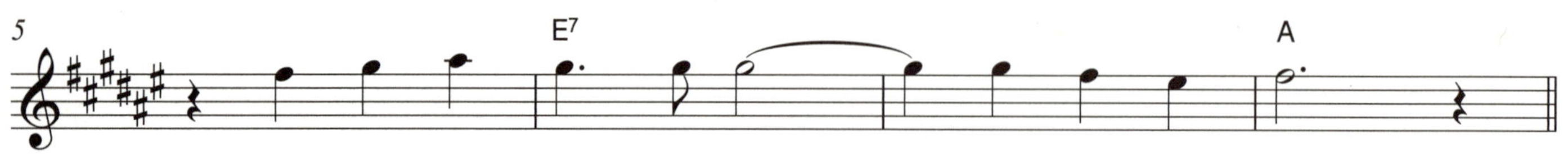

E⁷
A
부 활 승 천 하 시 어 서
나 의 주 가 되 셨 네

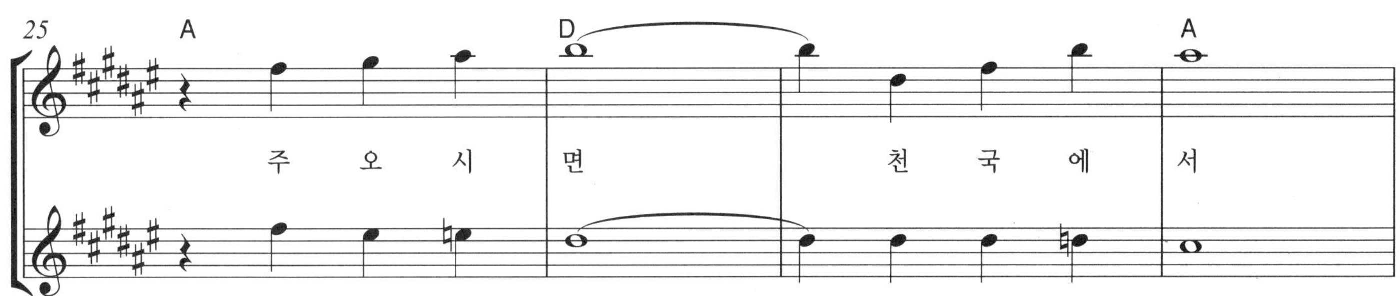
A
D
A
주 오 시 면
천 국 에 서

E⁷
A
주 님 과 살 리 라
영 원 토 록

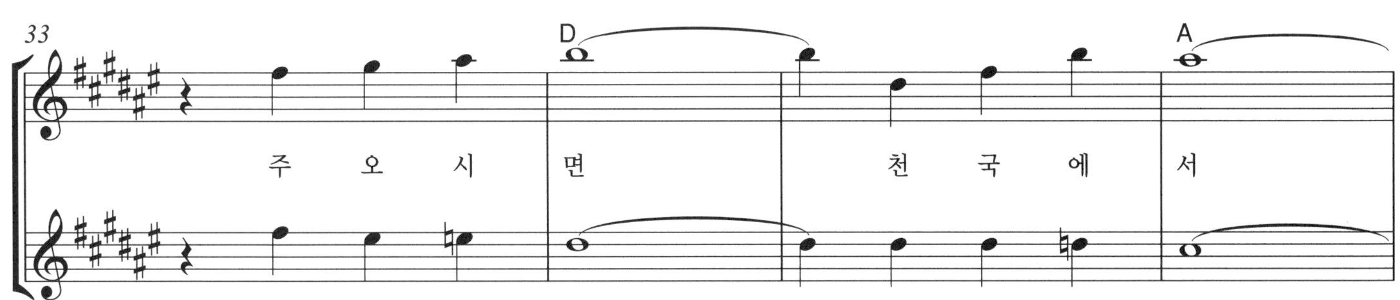
D
A
주 오 시 면
천 국 에 서

E⁷
A
주 님 과 살 리 라
영 원 토 록
D.C. al Fine

돌아온 탕자

(셀라 2071)

Words & Music by 김석균
Arr. by 서성범

무거운
짐 등에지고 쉴곳없어 애처로운몸 쓰러지
고 넘어져도 위로할 자 내겐없었네 세상
에 서버림받고 귀한세 월방탕하다 아버
지 를만났을 때 죄인임을깨달았네

Chapter

2

"트리오 앙상블"

① 주님 나를 부르셨으니

(셀라 1405)

Words & Music by 윤용섭
Arr. by 서성범

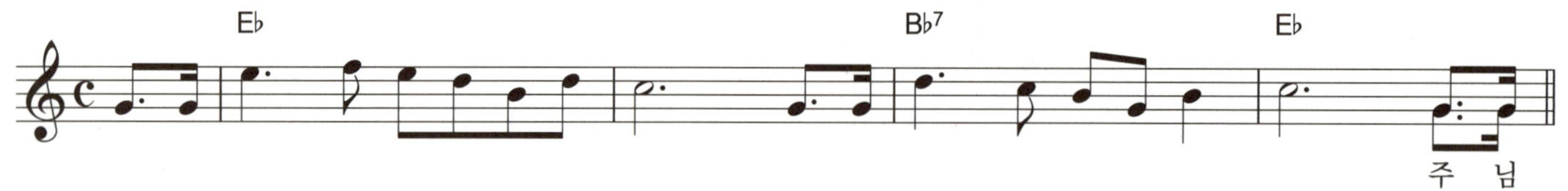

나 를사랑했으니 주님나 를사랑했으니 이몸

바 쳐서이몸 바 쳐서주만 따 라가렵니 - 다 주 -

님 주 - 님 나의 기 도를들으사 언제

까 지주님-만을 사 모 하 게하옵소 - 서 주 님

하 게하옵소 - 서 rit.

2 주께 두 손 모아 비나니

(셀라 1033)

Words & Music by 김석균
Arr. by 서성범

*음정 -1

로 믿음안에서 서 - 로 소 망 가운데 서 -

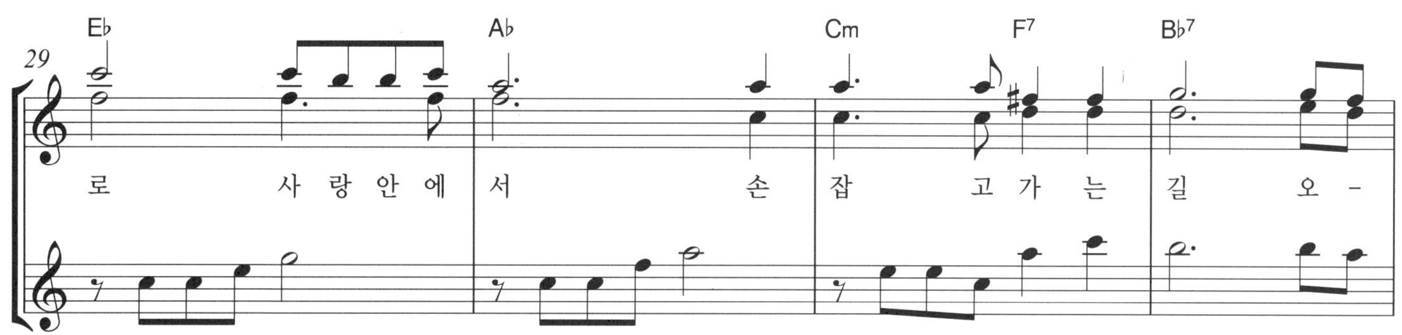
로 사랑안에서 손 잡 고 가 는 길 오 -

주 사랑의종 소 리 가 사 - 랑 의종소리 가 이

1.
시 간우리 모 두 - 를 감 싸 게 하여 주 소 서

2.
싸 게 하 여 주 소 서

3. 하나님을 아버지라 부르는 자는

(셀라 2692)

Words by 오광석
Music by 한태근
Arr. by 서성범

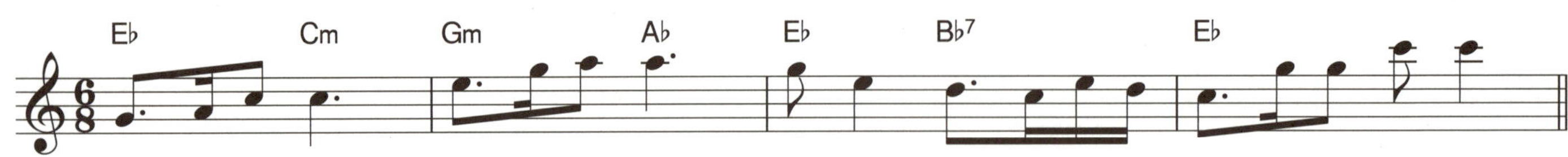

예 수 님 을   구 -주 -라   부 르 는 -자 는   -

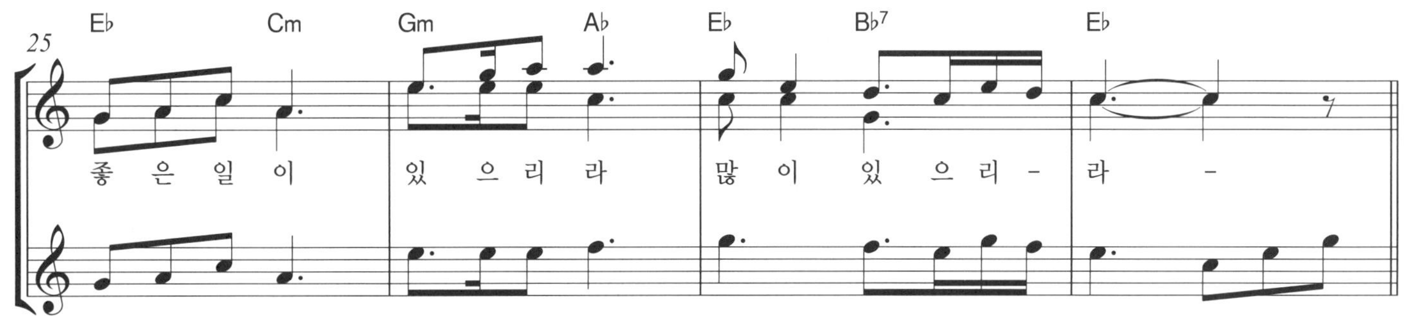
좋 은 일 이   있 으 리 라   많 이 있 으 리 -라   -

우 리 서 로 뜨 -겁 게   사 랑 하 -며 는   - - -

좋 은 일 이   있 으 리 라   크 게 있 으 리 -라   -

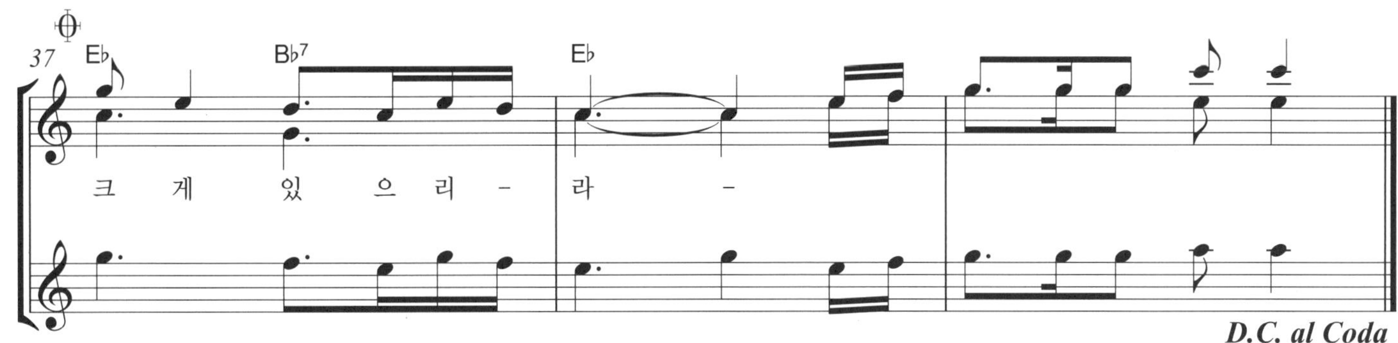
크 게 있 으 리 -라   -

D.C. al Coda

위로의 말 한마디

(셀라 3089)

Words by 송길원
Music by 김석균
Arr. by 서성범

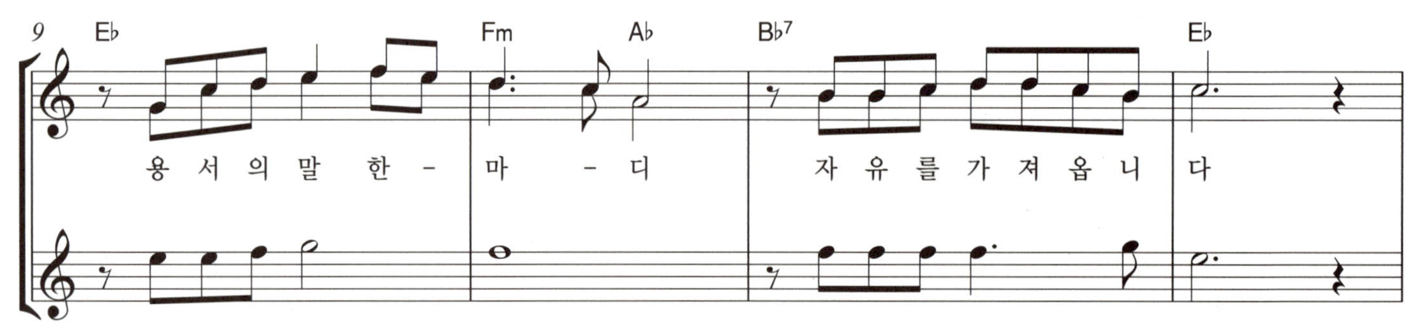

Ab   Eb   Bb7   Eb
장   아름다운 말   미 고 사 축

Ab   Eb   Ab   F7   Bb7
미안해요   고마워요   정 말 사 랑 - 해 - 요

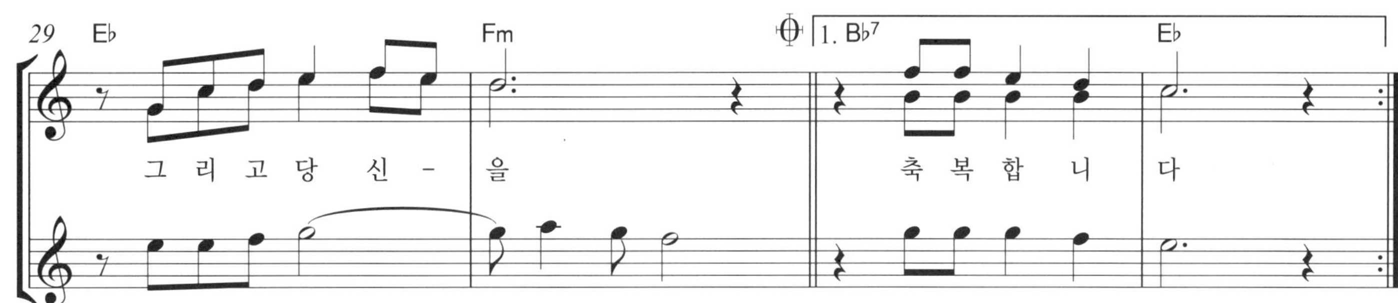
Eb   Fm   1. Bb7   Eb
그 리 고 당 신 - 을   축 복 합 니 다

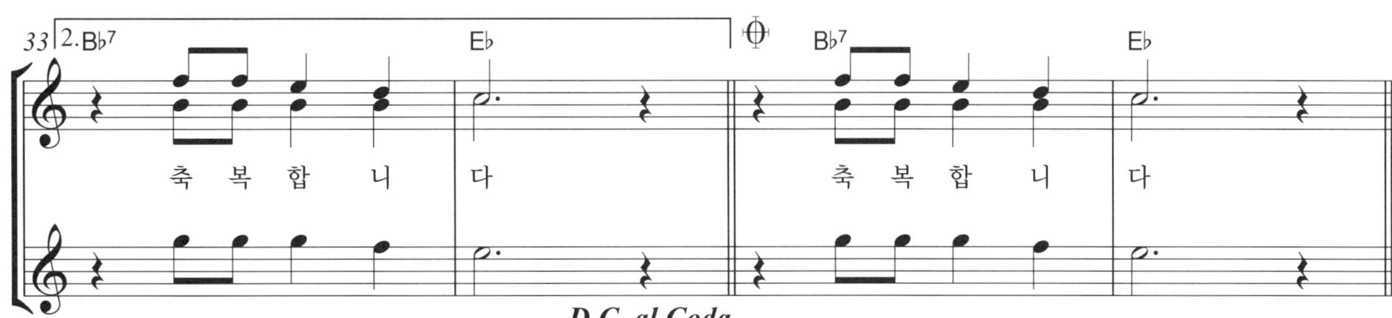
2. Bb7   Eb   Bb7   Eb
축 복 합 니 다   축 복 합 니 다
D.C. al Coda

Eb   Ab   Bb7   Eb
그 리 고 당 신 - 을   축 복 합 니 다

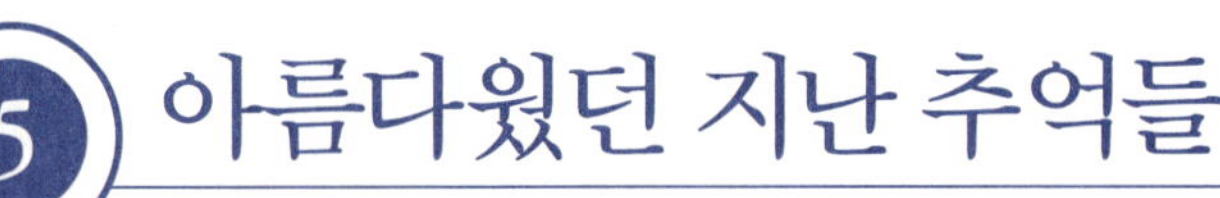

5 아름다웠던 지난 추억들

(셀라 1880)

Words & Music by 권희석
Arr. by 서성범

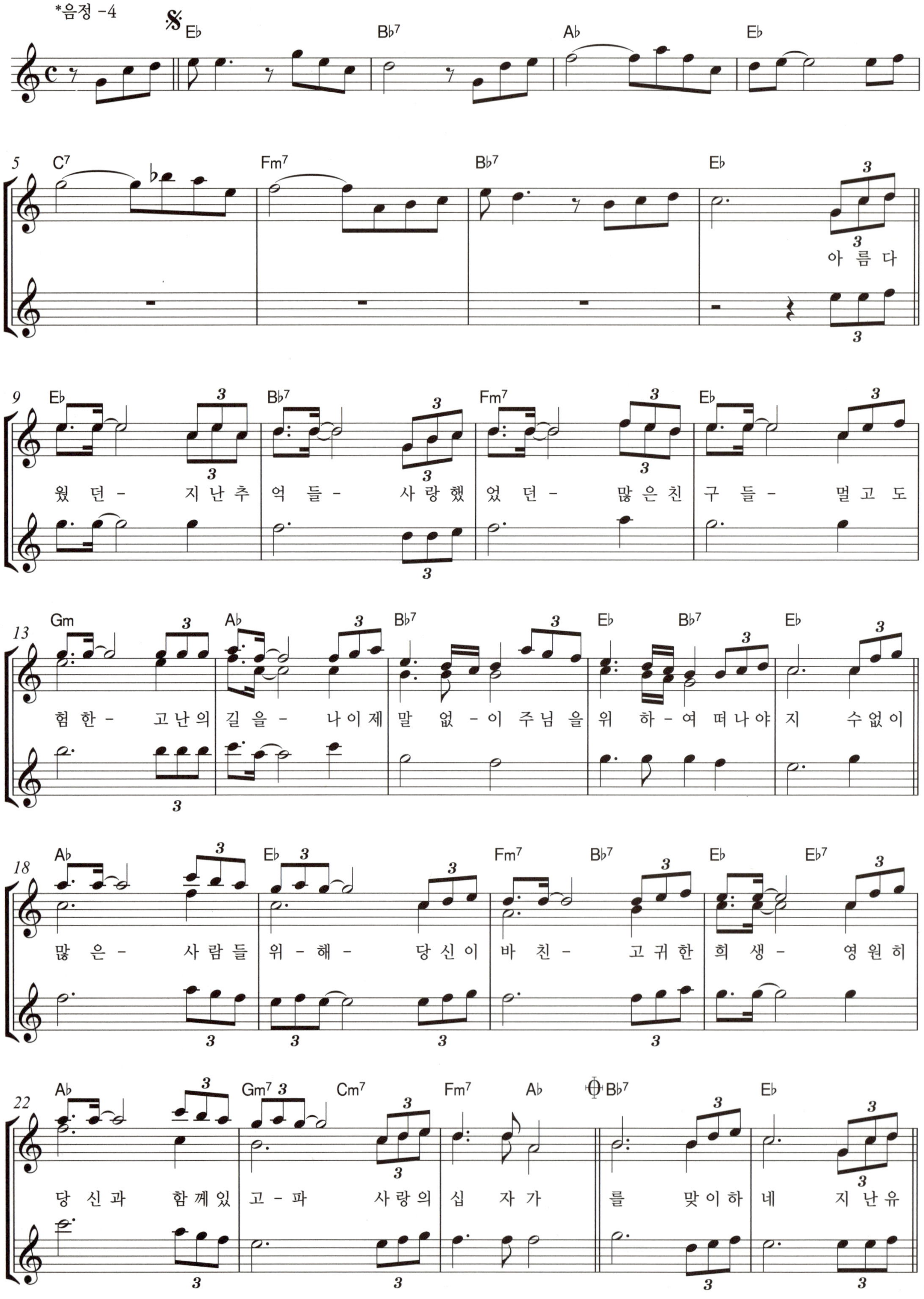
*음정 -4
E♭ B♭7 A♭ E♭
C7 Fm7 B♭7 E♭
아 름 다
E♭ B♭7 Fm7 E♭
웠 던 - 지 난 추 억 들 - 사 랑 했 었 던 - 많 은 친 구 들 - 멀 고 도
Gm A♭ B♭7 E♭ B♭7 E♭
험 한 - 고 난 의 길 을 - 나 이 제 말 없 - 이 주 님 을 위 하 - 여 떠 나 야 지 수 없 이
A♭ E♭ Fm7 B♭7 E♭ E♭7
많 은 - 사 람 들 위 - 해 - 당 신 이 바 친 - 고 귀 한 희 생 - 영 원 히
A♭ Gm7 Cm7 Fm7 A♭ B♭7 E♭
당 신 과 함 께 있 고 - 파 사 랑 의 십 자 가 를 맞 이 하 네 지 난 유

월 절- 저녁성찬 때- 주님과 함께- 마시던 핏 잔- 그 일 이

문 득- 생각이 나면- 어느새 내 뺨-에 주르르 눈물만이 흐릅니다 수없이

많 은- 사람들 위-해 당신이 바친- 고귀한 희생- 영원히

당신과 함께있 고-파 사랑의 십 자 가 를 맞이하 네
D.S. al Coda

를 맞이하 네 사랑의 십 자 가 를 맞이하 네

나의 아버지
(셀라 2901)
*음정 +1
Words by 채수련
Music by 김동국
Arr. by 서성범
아버
지 -불러만 봐도- 그 사랑에 눈물 나 요 나 같
은 죄 인 을 사 랑 하 신 아 버 -지 온 종
일 -울 어 봐 도 감 당 할 수 없 는 그 사 -랑 그 크
신 사 랑 을 어 찌 말 로 표 현 하 -리 아 버
지 아 버 지 내 영 혼 깊 은 곳 에 서

불러보는-
내아버지-
나 의아버 지
이생
명
다 하 는
그 날 까지지키 시-고
인도하
실
참좋으신
1.나의 아-버-지
Ab Eb Ab Eb Bb7
Ab Eb Fm7 G7(sus4) G7
아버
2.나의 아-버-지
아버
나의 아-버-지
D.S. al Coda

⑦ 예수님과 같은 친구

(셀라 2499)

Words & Music by M. J. Babbitt
Arr. by 서성범

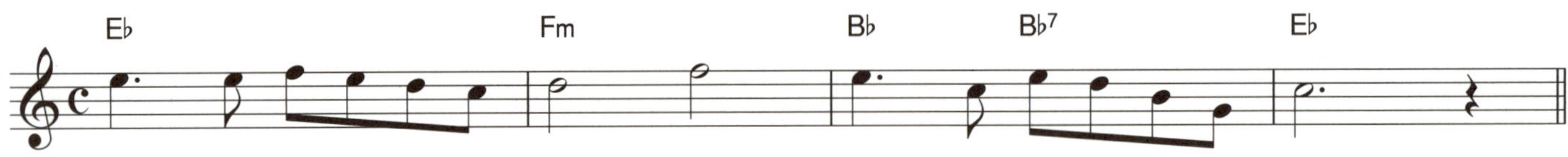

20
Eb   Bb7   Eb
삶   과생명바치신   주   내   게자유주셨   네

24
Eb   Bb7   Eb   Bb7   Eb
주   를뵈올그날까   지   주   만사랑하리   라

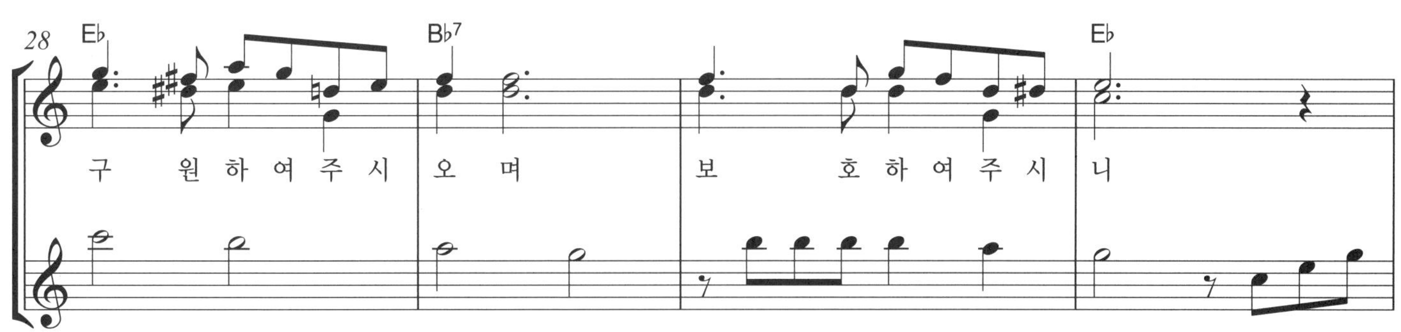
28
Eb   Bb7   Eb
구   원하여주시   오며   보   호하여주시   니

32
Eb   Bb7   Eb   Bb7   Eb
오   직주만의지하   여   세   상승리하오   리

하나님은 나의 목자시니

(셀라 2881)

Words by 석진영
Music by 이일래
Arr. by 서성범

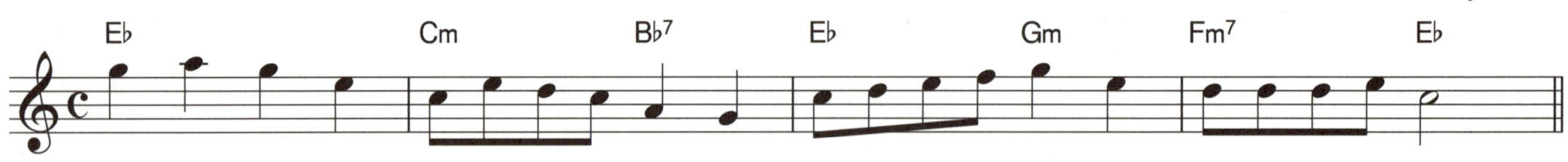

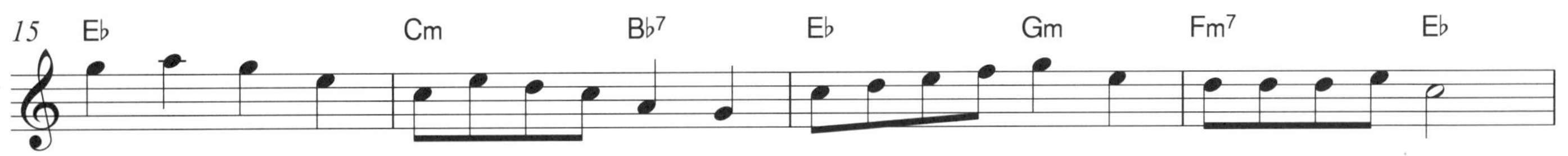

하 나 님 이 함 께 하 시 오 니 내 게 두 려 움 이

없 으 리 로 다 나 로 하 여 금 땅 에 살 아 도

진 리 안 에 서 이 기 고 이 – 기 게 항 상 능 력 주 시 네

9
말로 다 측량 못 해요

(셀라 2602)
Words by 채인순
Music by 김동국
Arr. by 서성범

Eb
Fm7
Bb7
Eb

5
Eb
Bb7
Cm7
Ab
Bb7
말 로 다 측 량 못 해 요
한 없 는 주 - 의 사 랑

9
Ab
Eb
C7
Fm7
Bb7
독 생 자 를
보 내 주 신
하 나 님 의 참 사 랑

13
Eb
Bbm7
Cm7
Ab
Bb7
나 의 죄 사 - 하 시 려
십 자 가 지 - 신 주 님
17
Ab
Eb
C7
Fm7
Bb7
Eb
Bb7
세 상 형 벌
무 거 워 서
쓰 러 지 신 예 수 님

방울방울 - 흘린피로 나구원받았도다

Chapter 2_드라마 아시장르

태양도빛을잃고울었던 위대한그사랑은

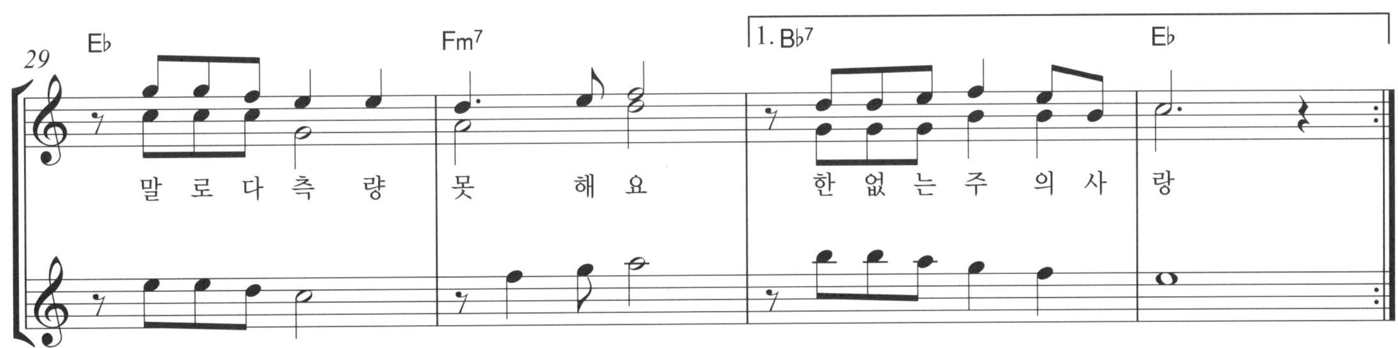

말로다측량못해요 한없는주의사랑

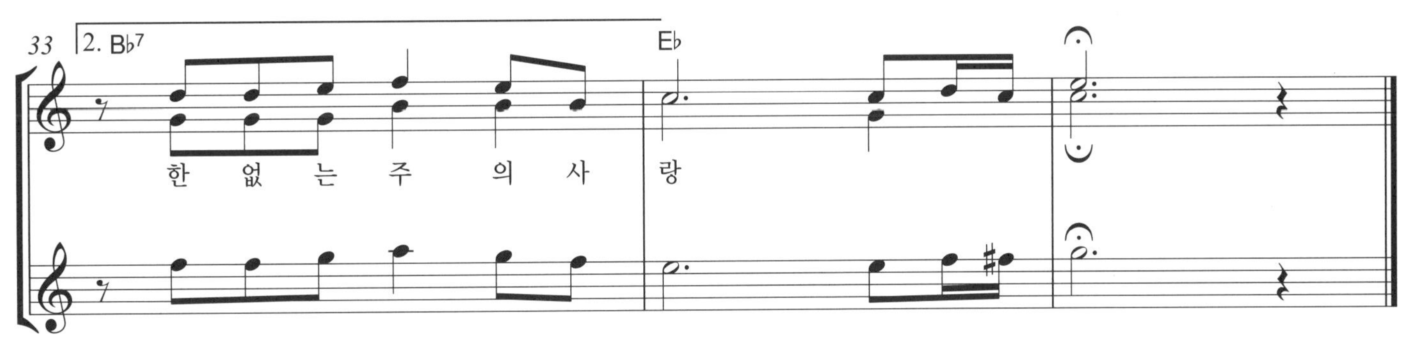

한없는주의사랑

10 호산나 찬양하라

(셀라 2394)

Words & Music by Anonymous
Arr. by 서성범

호 산 나 찬 양 하 라 -
하 늘 의 하 나 님 께 -
호 산 나 찬 양 하 라
영 광 의 하 나 님 께 -
이 세 상 의 모 든 사 람 -
그 의 손 이 만 드 셨 네 -
남 자 여 자 사 이 좋 게 -
창 조 하 셨
네 예 예 예
하 늘 아 찬 양 하 라 -
땅 들 아 찬 양 하 라 -
바 다 야 찬 양 하 라 -
영 원 히 영 원 히 영 원 히

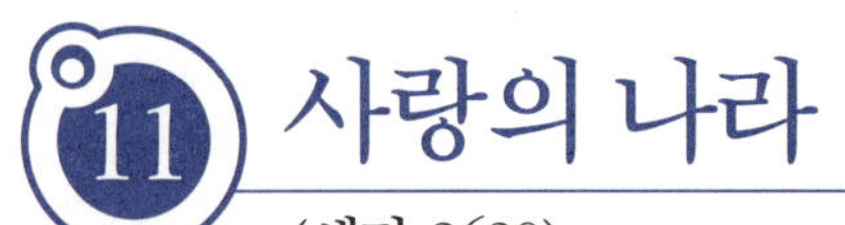

사랑의 나라

(셀라 2630)

Words & Music by Anonymous
Arr. by 서성범

빨 -간색- 진 리나라- 사 랑용 서있는 곳

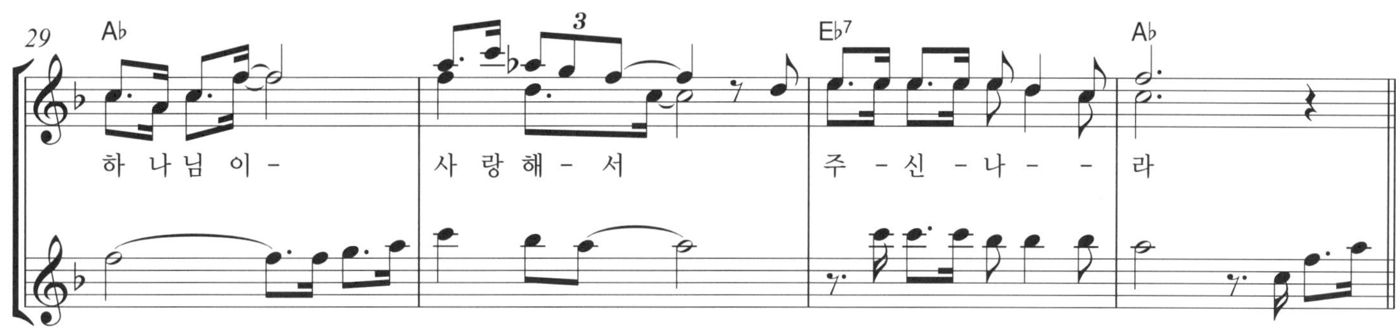
하 나님 이- 사 랑해-서 주 -신 -나 - -라

아 랄- - - -라 랄 - -라 행 복한나 라만 들 테 야

아 랄- - -라 랄 - - -라 아 름다운 곳만 들 테 야

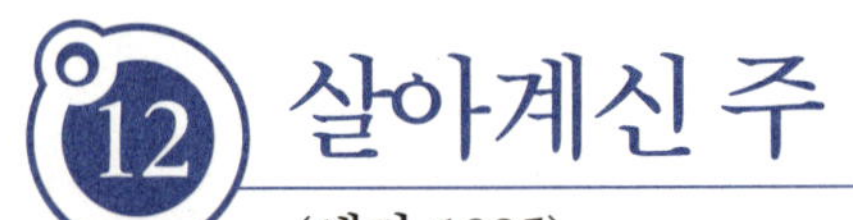

살아계신 주

(셀라 1035)

Words by G.O. Webster
Music by W. J. Gaither
Arr. by 서성범

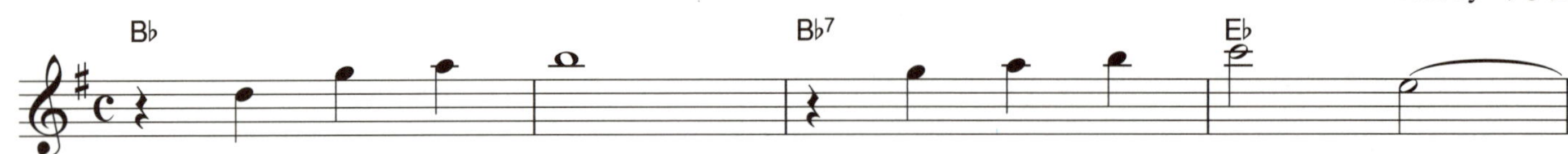

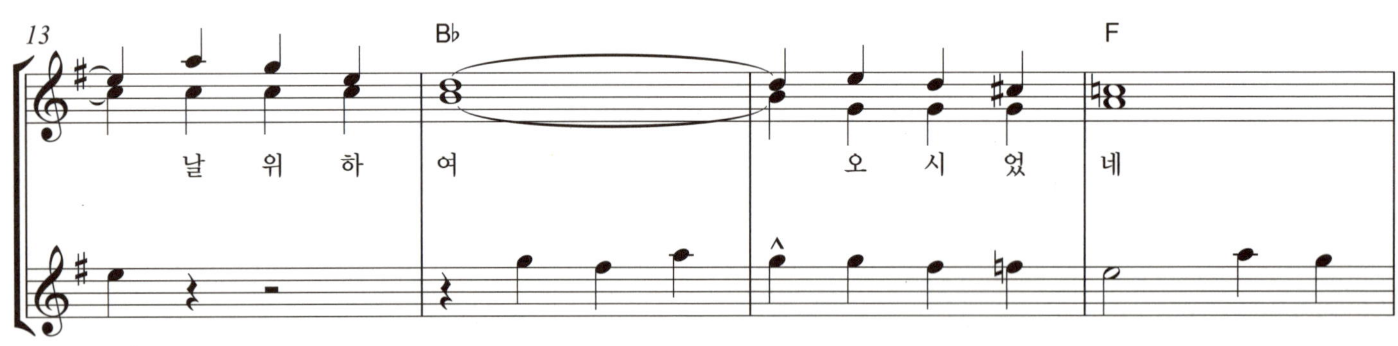

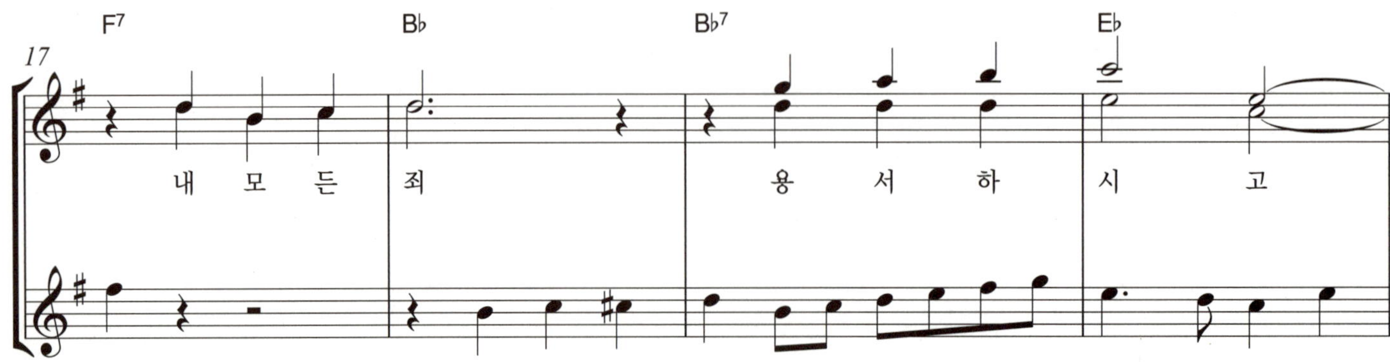

죽음에서 부활하신 나의구세 주

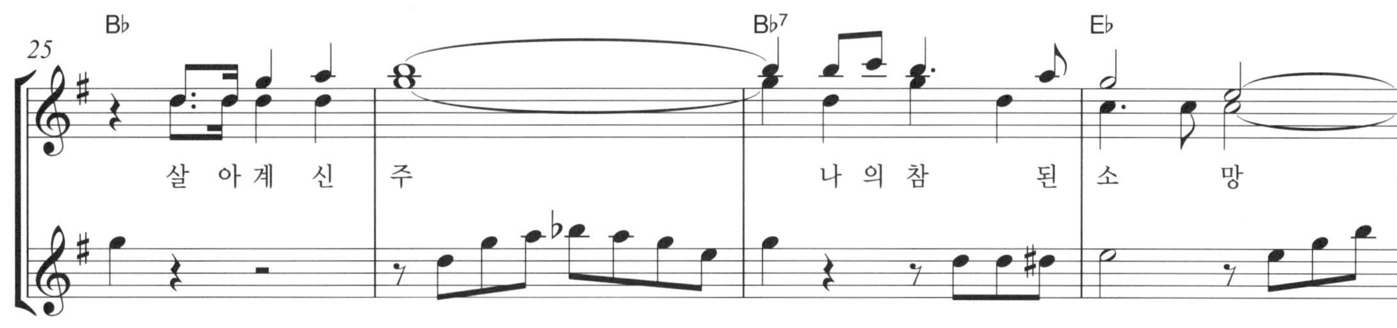
살아계신 주 나의참된 소 망

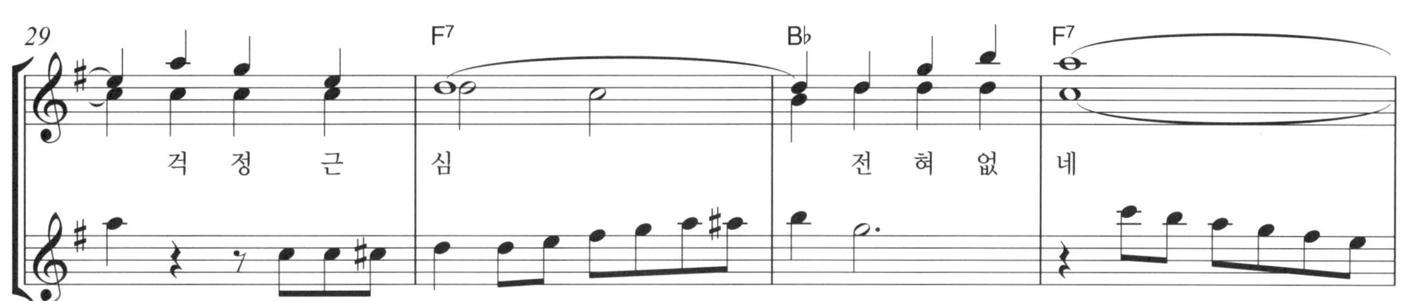
걱정근심 전혀없 네

사랑의 주 내 갈길인도하 니

내 모든 삶 의기쁨 늘 충만하 네

심령이 가난한 자는

(셀라 2075)

Words & Music by 여명현
Arr. by 서성범

위 하 여 핍박받는 자 천국이 - 저희것이 라
라 내게도 주소서 내가복 을받기원하네 오 -
내 - 주 - - 여 주 소 - 서
아 - - - - - 멘 -
긍 휼
D.S. al Coda

14. 또 하나의 열매를 바라시며

(셀라 2045)

Words & Music by 설경욱
Arr. by 서성범

택 하 시 고 이 땅 에 심 으 셨 네 또 - 하 나 의 - 열 매 를 바 라 시 며
당 신
은 사 랑 받 기 위 해 그 리 고 그 사 랑 - 전 하 기 - 위 해 주 께 서
택 하 시 고 이 땅 에 심 으 셨 네 또 - 하 나 의 - 열 매 를 바 라 시 며 당 신
하 나 의 - 열 매 를 바 라 시 며 또 - 하 나 의 - 열 매 를 바 라 시 며 -
solo
rit.
rit.

15
십자가 앞 꿇어 엎디어

(셀라 2475)
Words & Music by Charies E. Moody
Arr. by 서성범

B♭   E♭   B♭/F   E♭/C B♭⁷/F   F⁷   B♭

B♭ E♭⁷ B♭   B♭   B♭⁷   E♭   B♭
십 자 가 앞   꿇 어 엎 디 어   주 님 을 뵈 오 리

B♭ E♭ B♭   B♭   C⁷   F⁷
내 모 든 죄   사 해 주 시 고   새 삶 을 주 시   리

B♭   F⁷   B♭
근   심 말 고   십   자 가 보   라

B♭   E♭   B♭/F E♭/F B♭/F F⁷   B♭
꿇   어 엎 디   어   예 수 를 만 나   리

십 자 가 앞
내 몸 드 리 어
새 삶 을 가 지 리
옛 행 실 을
떨 쳐 버 리 고
주 사 랑 받 으 라
근 심 말 고
십 자 가 보 라
꿇 어 엎 디 어
예 수 를 만 나 리

16 주께 구속된 자들이

(셀라 2792)

Words & Music by Anonymous
Arr. by 서성범

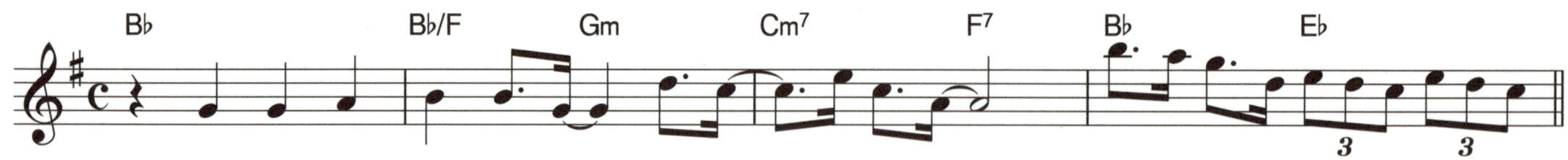

Bb Eb Bb7 Eb Bb
즐 거 움 과 기 쁨 얻 고

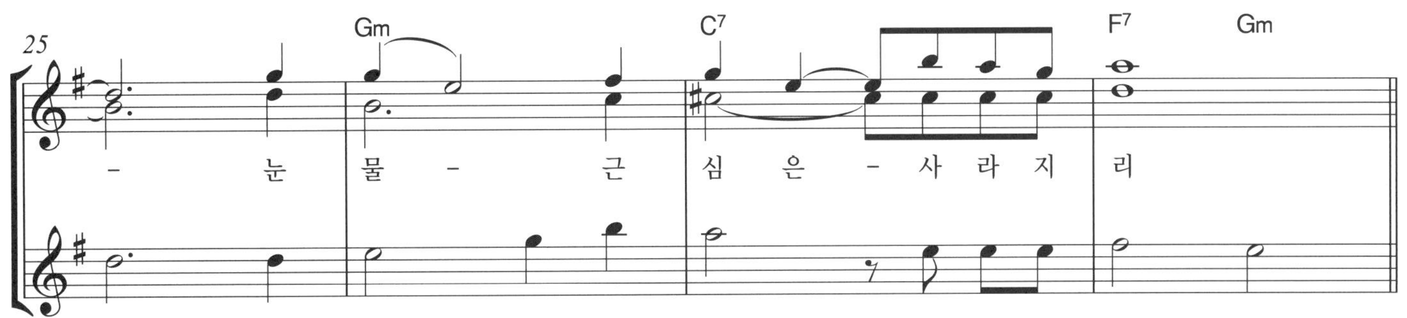
Gm C7 F7 Gm
- 눈 물 - 근 심 은 - 사 라 지 리

Bb Bb Bb7 Eb
주 께 구 속 된 자 들 이 돌 아 오 네 시 온 으 로 오 며 노 래

Edim7 Bb7/F Gm Cm7 F7 Bb
하 네 그 머 리 위 에 영 영 한 기 쁨 을 쓰 겠 네
D.C. al Coda

Bb Bb Bb F7 Bb
네

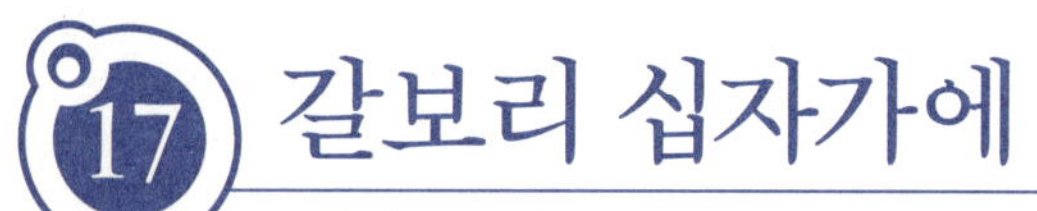

17 갈보리 십자가에

(셀라 1075)

Words & Music by 김석완
Arr. by 서성범

26
F
Bb
C7
에 - 게 믿음과 소망을 - 주 - 시 며 사 랑

30
F
Bb
F
C7
F
으 - 로 세 상 을 이 기 게 - 하 - 셨 네 예 수

34
Bb
F
Am
F
C7
님 - 의 십 자 가 이 제 는 - 나 도 지 고 이 생

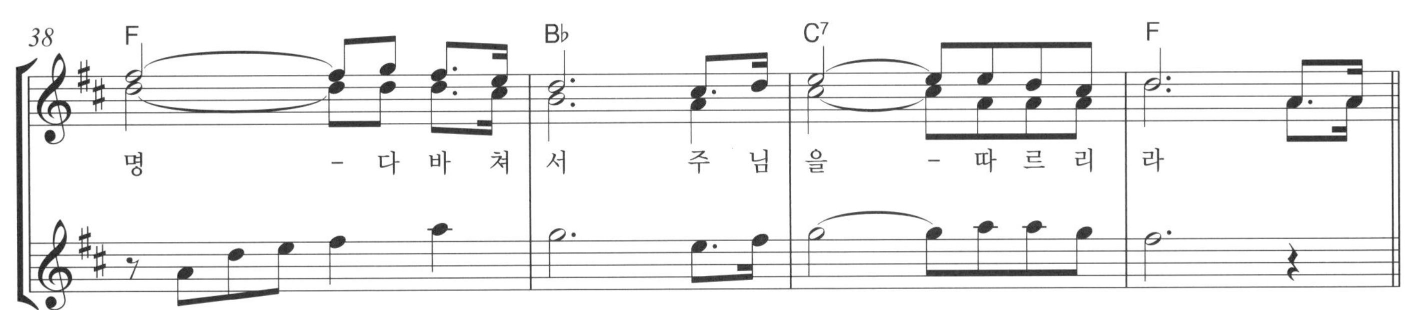
38
F
Bb
C7
F
명 - 다 바 쳐 서 주 님 을 - 따 르 리 라

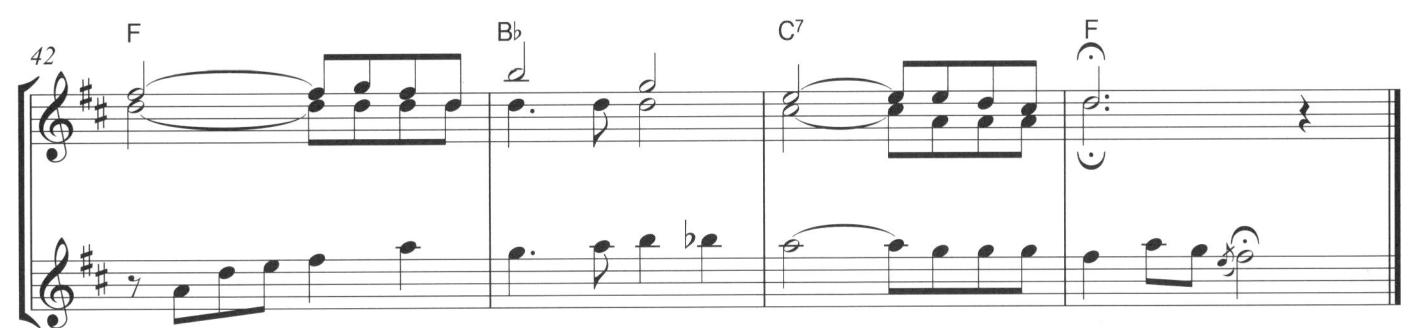
42
F
Bb
C7
F

18. 요한의 아들 시몬아

(셀라 1320)
Words & Music by 권희석
Arr. by 서성범

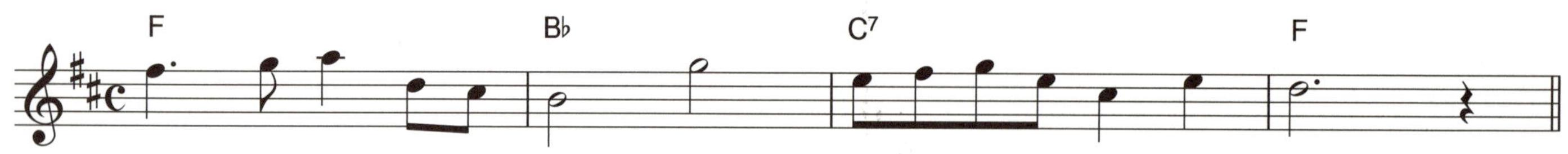

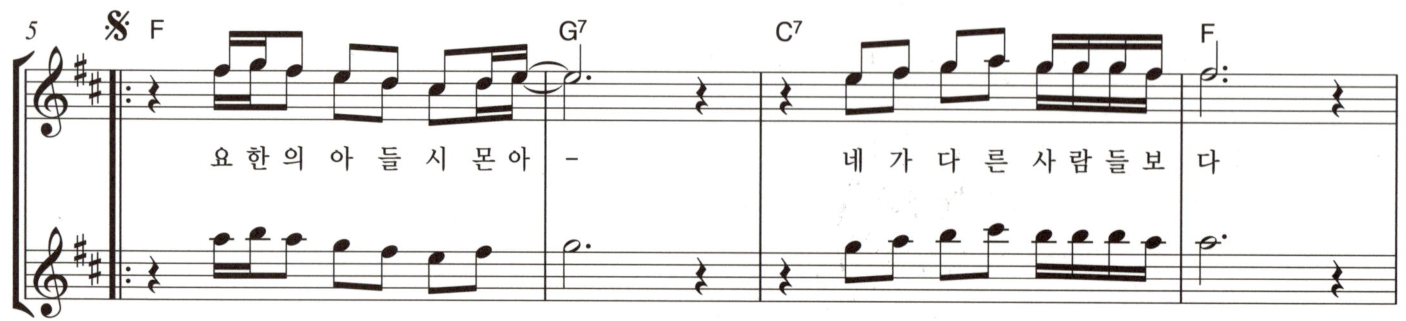

요한의 아들 시몬아 - 네가 다른 사람들보다

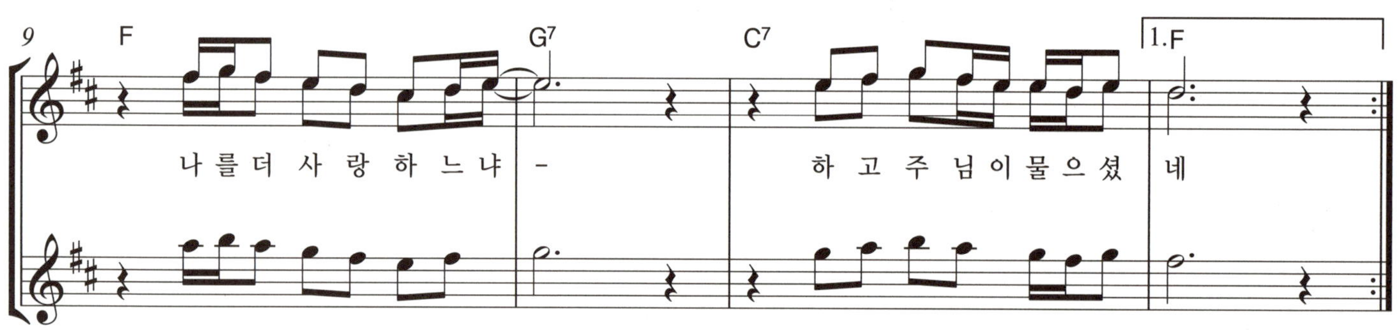

나를 더 사랑하느냐 - 하고 주님이 물으셨 네

네 그 때 나는 주께 대답했네 내가 주 를 사랑하는지 주님

께서 - 아십니 다 - 주님 께서 내 마음 아시 리

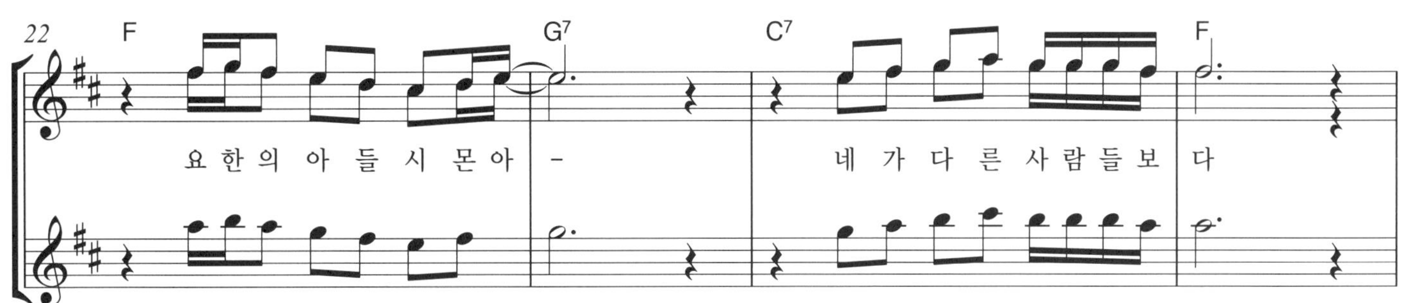
22
F   G7   C7   F
요한의아들시몬아 –   네가다른사람들보다

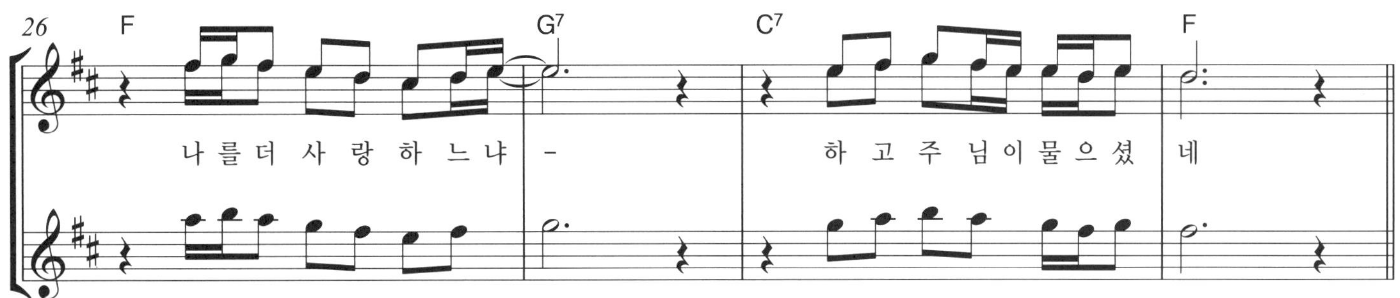
26
F   G7   C7   F
나를더사랑하느냐 –   하고주님이물으셨 네

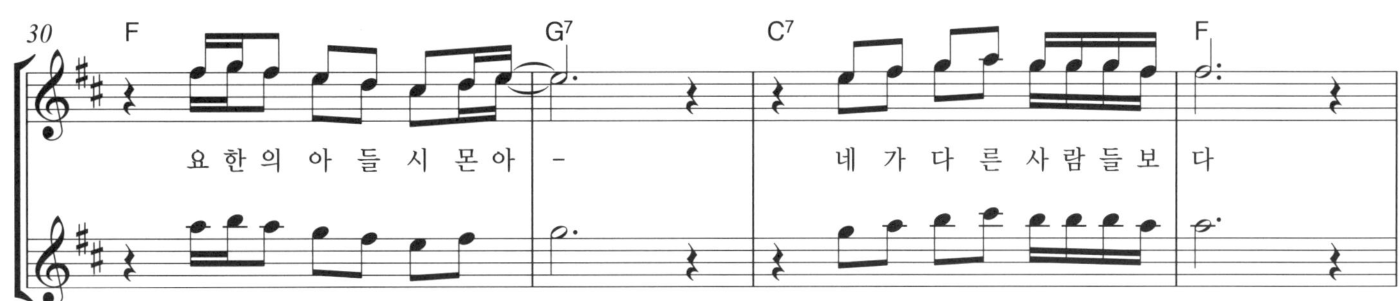
30
F   G7   C7   F
요한의아들시몬아 –   네가다른사람들보 다

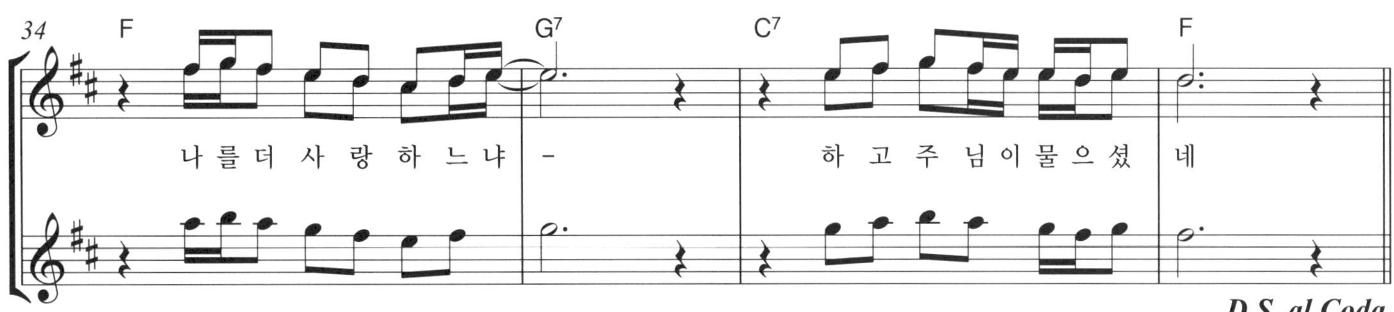
34
F   G7   C7   F
나를더사랑하느냐 –   하고주님이물으셨 네
D.S. al Coda

38
F   C7   F   Bb   Bbm   F
께 서 내 마 음 아 시 리

19
예수는 참 포도나무
(셀라 1302)
Words & Music by Anonymous
Arr. by 서성범

F
C7
F

F
F
C7
F

F
C7
예 수 는 참 포 도 나 무 -
우 리 는 가 지 이 니

F
C7
F
성 령 의 열 매 맺 고 저 -
주 님 안 에 영 원 히 살 리 라
주

Bb
F
G7
G7
C7
안 에 살 리 라 주
안 에 살 리 라
사 랑 기 쁨
건 강 과 평 화
F
Bb
F
C7
F
영 원 한 행 복 과
능 력 과 승 리 의 모
든 것 더 하 여 주 시
네

예 수 는 선 하 신 목 자 - 우 리 는 양 떼 이 니
푸 른 들 맑 은 물 가 로 - 주 가 친 히 이 끌 어 주 시 네 주
안 에 살 리 라 주 안 에 살 리 라 주 는 나 의 목 자 되 시 니
일 용 할 양 식 과 평 안 의 모 든 것 나 에 게 넘 치 게 주 시 네

나는 세상의 빛이요

(셀라 1963)

Words & Music by Jim Strath
Arr. by 서성범

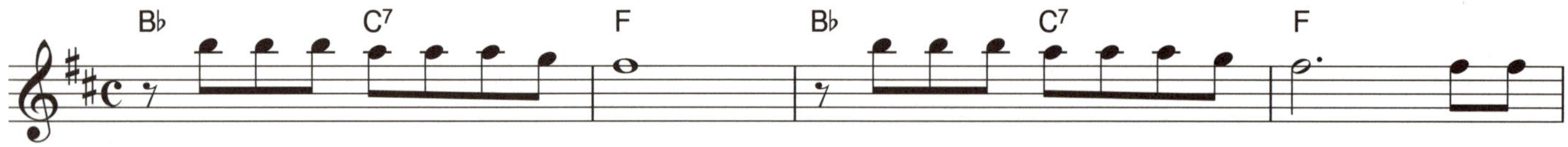

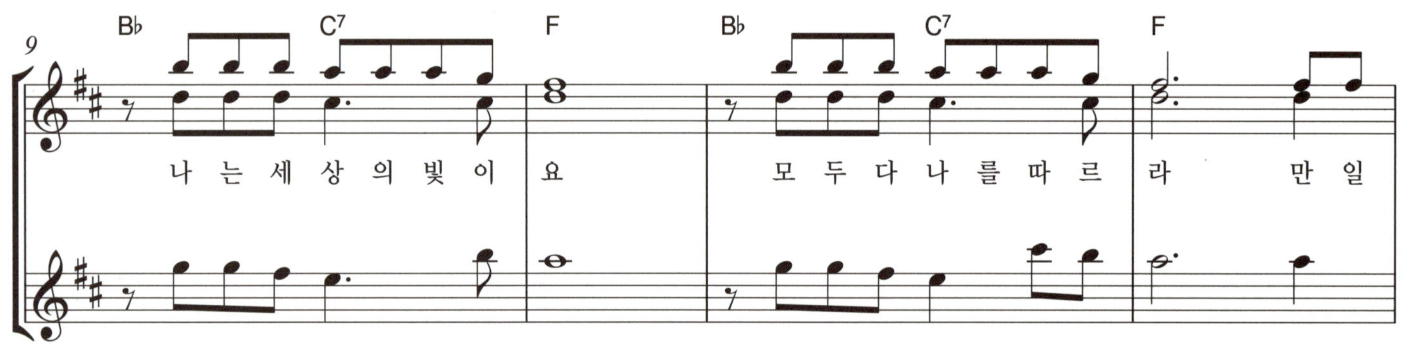

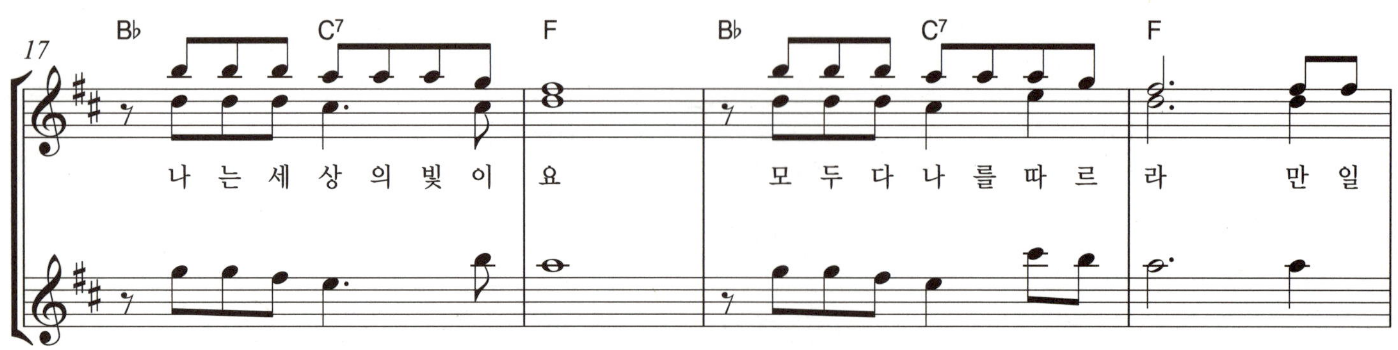

Gm7   C7   F   B♭   Gm7   C7   F
21
내게오고 날 사랑하-면 참 생 명의길을알리 라   세 상

F   Gm7   C7
25
길 방황하는친구여 외 롭 고지친친구여   모

F   B♭   C7   F   Dm7   B♭   C7
29
두다오시오 주님 품으로 참 생 명되신주께오시 오

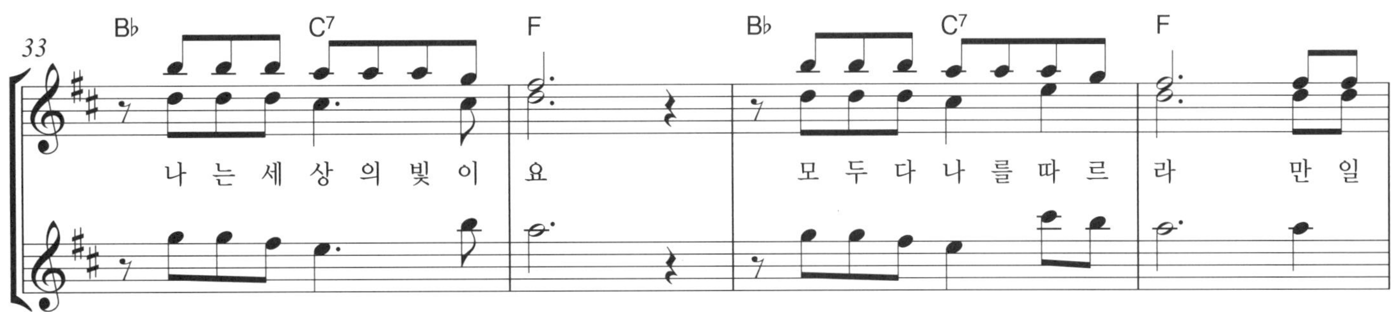

B♭   C7   F   B♭   C7   F
33
나 는세상의빛이 요   모 두다나를따르 라   만 일

Gm7   C7   F   B♭   Gm7   C7   F
37
내게오고 날 사랑하-면 참 생 명의길을알리 라

D.C. al Fine

21 세상에서 방황할 때

(셀라 2060)

Words & Music by 안철호
Arr. by 서성범

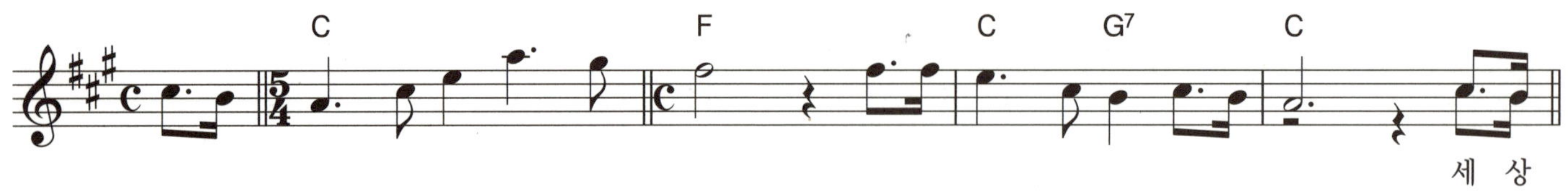

이 죄
인 의애통함을예수께 서들으셨네 못자
국 난사랑의 손나를어 루만지셨네 내주
여 이죄인이 다시눈 물을흘립니다 오내
주 여나이제 는 아무걱 정없어-요 이죄
걱 정없어-요 내주걱 정없어-요

사랑하는 나의 아버지

(셀라 1034)

Words & Music by Bob Fitts
Arr. by 서성범

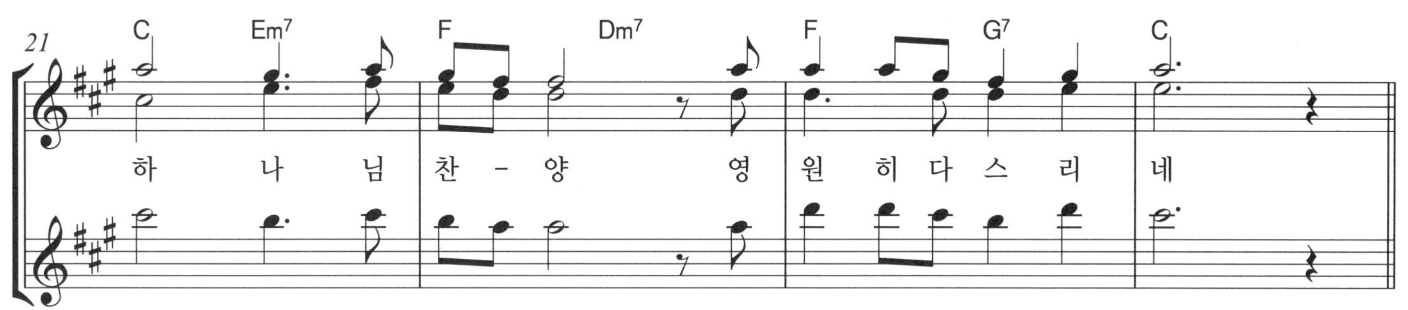

하 나 님 찬 - 양 영 원 히 다 스 리 네

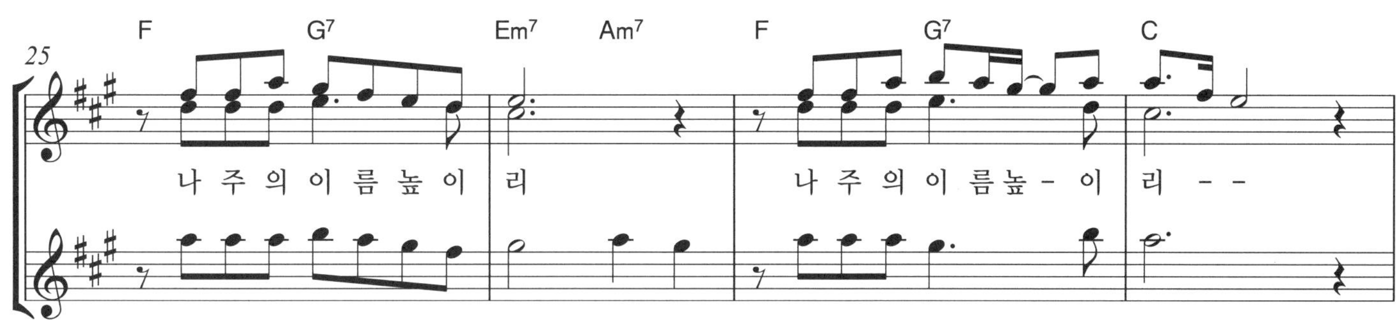

나 주의이름높이리 나 주의이름높 - 이 리 - -

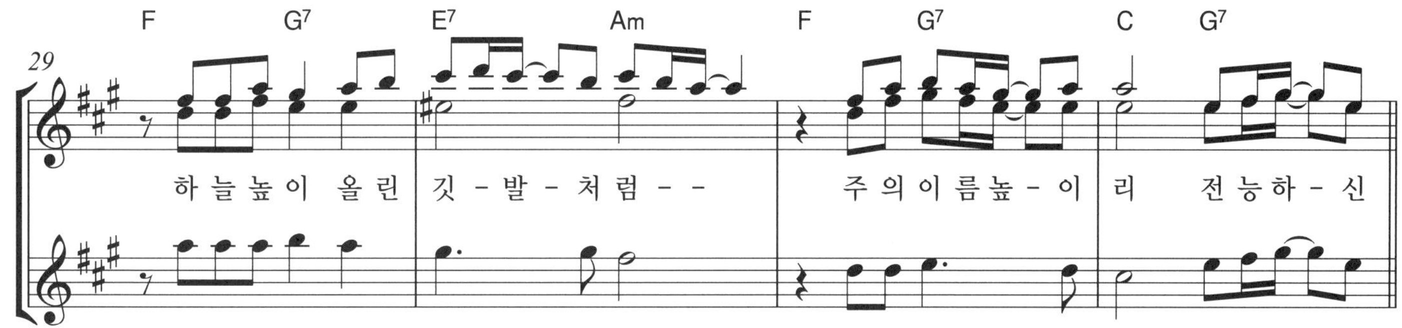

하늘높이올린 깃 - 발 - 처럼 - - 주의이름높 - 이 리 전능하 - 신

하 나 님 찬 - 양 언 제나동일하 신 주 - - 전능하 - 신

하 나 님 찬 - 양 영 원 히 다 스 리 네

23 실로암

(셀라 1040)

Words & Music by 신상근
Arr. by 서성범

2. C
C
C7
F
소 오 주 - 여 당 신 께 감 사 하 리 라 실 로
C
G7
암 내 게 주 심 을 - 나 에 -
C
C7
F
게 영 원 한 사 랑 속 에 서 떠 나
C
C
G7
1. C
지 않 게 하 소 서 - 오 주 -
2. C
C
서 - 서 -
D.S. al Coda
rit.

24 사랑의 손길

(셀라 1914)

Words & Music by 문찬호
Arr. by 서성범

오 셔서 사랑의 손 길로 어루 만 지 셨 네 거절할
수 없어 외면할 수 없어 주님의 그 손을 잡았었 네 주님의
사 랑에 뜨거운 눈 물을 흘리고 야 말았 다 네
나를 위
야 말았 다 네 주님의 사 랑에 뜨거운 눈 물을 흘리고
야 말았 다 네 －
D.S. al Coda

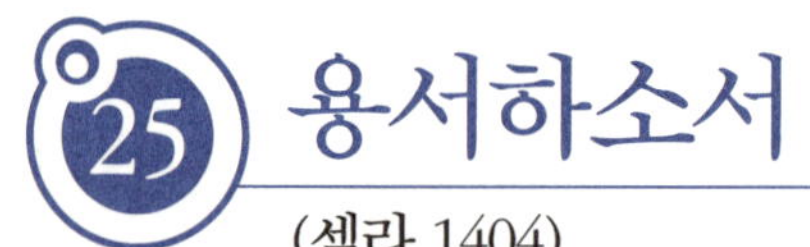

용서하소서

(셀라 1404)

C   Am   F   C   G7
랑   받 기 만 하 고 -   감 사 할 줄 -   몰 랐 었 네 주 님 말

C   Am   F   C   G7   C
씀   듣 기 만 하 고 -   실 행 하 지 못 했 었 네   아 버

G7   C   F   D7   G7
지 여 -   연 약 한 종 을 -   용 서 하 여 주 옵 소 서   주 님

C   C7   F   C   G7   C
명 령 -   순 종 하 면 서   주 를 위 해 살 렵 니 다

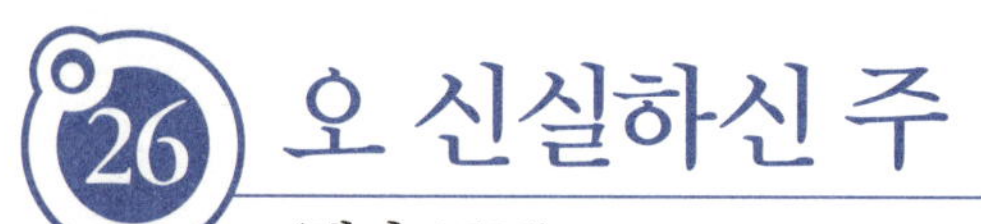

26
오 신실하신 주
(셀라 1535)
Words & Music by 최용덕
Arr. by 서성범

C
F
G7
C

C
F
C
G7
하나님 한 번도 나를 - 실망 시킨 적 없으시고 -

C
F
F#dim
G
G7
C
언제나 공평과 은혜 - 로 나를 - - 지키셨네

G
G7
C
F
C
오 신실 하 신 주 오 신실 하 신 주

F
C
D7
F
G7
내 너를 떠나지도 않으리라 내 너를 버리지도 않으리라

C
F
D7
G
약 속 하셨던 주님 - 그 약 속을 지키사 - 이

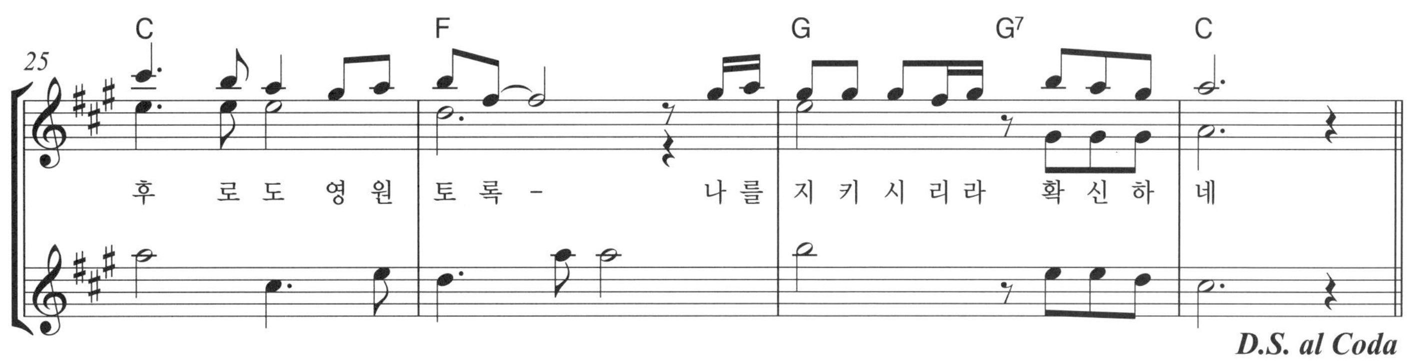
C
F
G
G7
C
후 로 도 영원 토록 - 나를 지키시리라 확신하 네
D.S. al Coda

G
G7
C
F
C
오 신 실 하 신 주
오 신 실 하 신 주

F
C
D7
F
G7
내 너를떠나지도 않으리라
내 너를버리지도 않으리라

C
F
D7
G
약 속 하 셨 던 주님 -
그 약 속 을 지 키 사 - 이

C
F
G
G7
C
후 로 도 영원 토록 - 나를 지키시리라 확신하 네

주 예수 사랑 기쁨

(셀라 2247)

Words by David Clydesdale
Music by DP. George W. Cooke
Arr. by 서성범

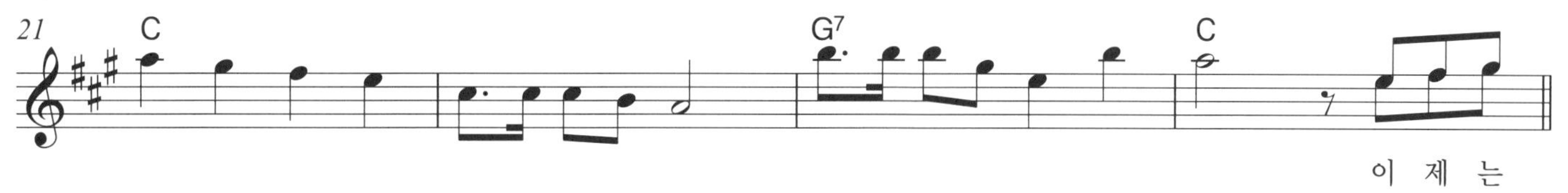
이 제 는

해 방 됐 네 예 수 안 에 서 예 수 안 에 서 예 수 안 에 서 이제 는

해 방 됐 네 예 수 안 에 서 예 수 안 에 서 해 방 나 는 기

뻐 요 - 정 말 기 뻐 요 주 예 수 사 랑 기 쁨 내 맘 에 나 는 기

뻐 요 - 정 말 기 뻐 요 주 예 수 사 랑 기 쁨 내 맘 에

벙어리가 되어도

(셀라 1030)

Words & Music by 문찬호
Arr. by 서성범

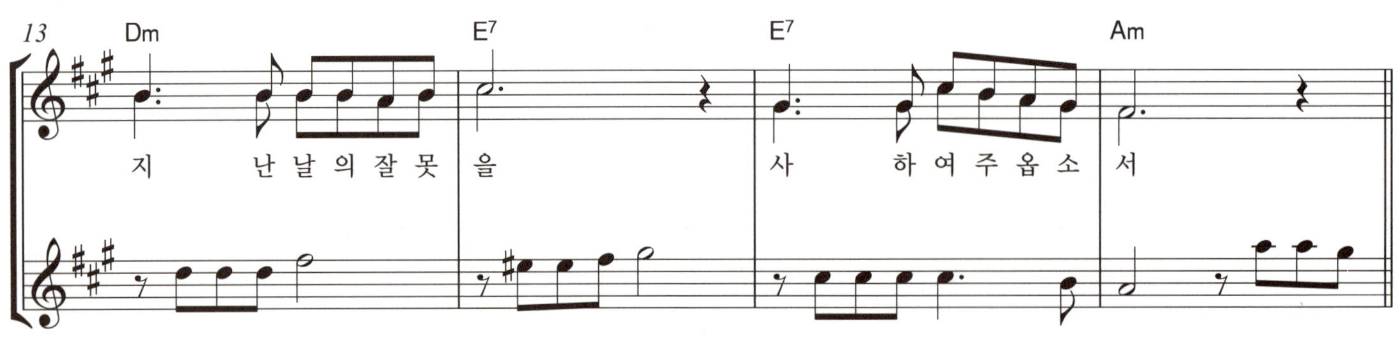

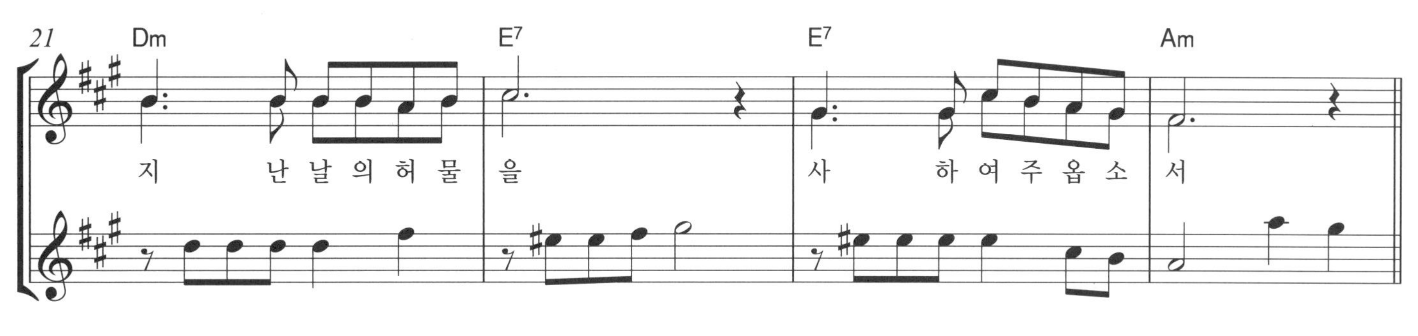

21 Dm E7 E7 Am
지 난 날 의 허 물 을 사 하 여 주 옵 소 서

25 F E7 E7 3 Am
주 여 주 여 나 의 죄 를 위 - 하 여

29 F E7 G7 E7 C E7
주 여 주 여 십 자 가 를 지 셨 네

33 Am E7 Am Dm G7
주 님 가 신 그 길 을 나 도 걸 어 야 하 네 -

38 Am E7 Am E7 Am
주 님 가 신 그 길 을 나 도 걸 어 야 하 네

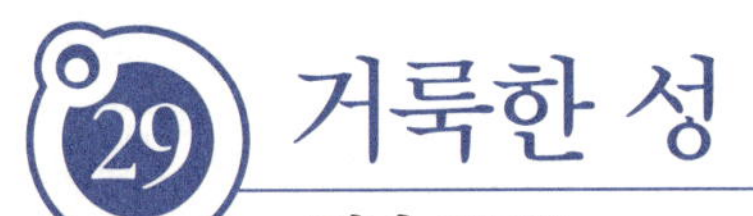

29 거룩한 성

(셀라 2779)

Words by F. E. Weatherly
Music by Stephen Adams
Arr. by 서성범

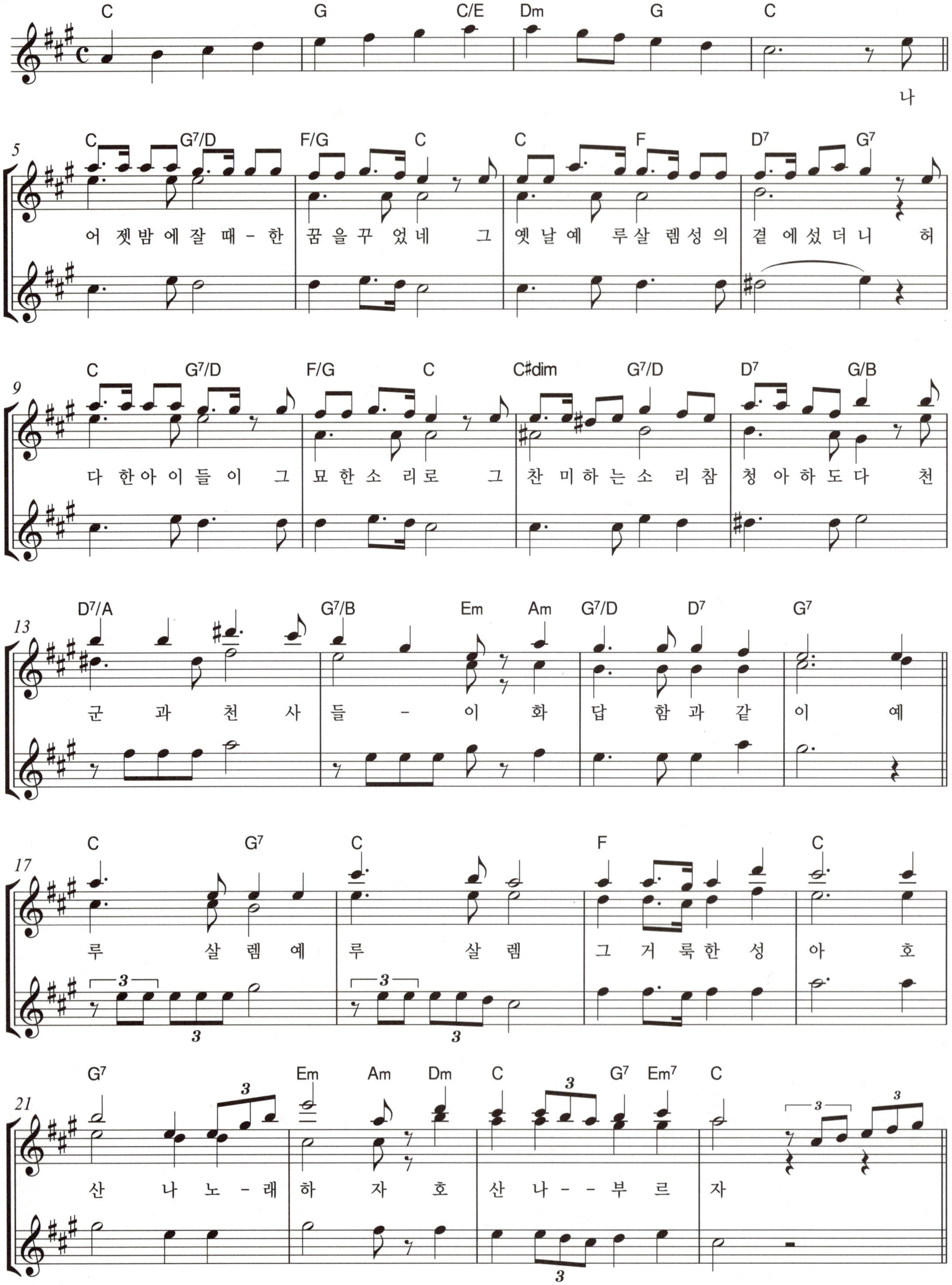
C G C/E Dm G C
나
5
C G7/D F/G C C F D7 G7
어 젯밤에 잘 때 - 한 꿈을 꾸 었네 그 옛날 예 루살 렘 성 의 곁 에 섰 더 니 허
9
C G7/D F/G C C#dim G7/D D7 G/B
다 한아이들 이 그 묘한 소 리로 그 찬 미하는 소 리 참 청 아 하 도 다 천
13
D7/A G7/B Em Am G7/D D7 G7
군 과 천 사 들 - 이 화 답 함 과 같 이 예
17
C G7 C F C
루 살 렘 예 루 살 렘 그 거 룩 한 성 아 호
21
G7 Em Am Dm C G7 Em7 C
산 나 노 - 래 하 자 호 산 나 - - 부 르 자

꿈 이 다 시 변 하 여 그 길 은 고 요 코 호 산 나 찬 미 소 리 들 리 지 않 는 다 햇
빛 은 아 주 어 둡 고 그 광 명 참 담 해 이 는 십 자 가 에 달 리 신 그 때 의 일 이 라 이 는
십 자 가 에 달 리 신 그 때 의 일 이 라 예
루 은 살 렘 예 루 살 렘 그 거 룩 한 성 아 호
산 나 노 래 하 자 호 산 나 부 르 자

꿈 이 다 시 변 하 여 이 세 상 다 가 - 고 그 땅 을 내 가 보 니 그 유 리 바 다 와 그

후 에 환 한 영 광 이 다 창 에 비 치 니 그 성 에 들 어 가 는 자 참

영 광 이 로 다 밤 이 나 낮 이 없 으 니 그

영 광 뿐 이 라 그 영 광 예 루 살 렘 성 영

D7 G/B D7/A G F#m7/A G/B Bm7 Em Am
원 한곳이 라 이 영광예루살렘성참
69

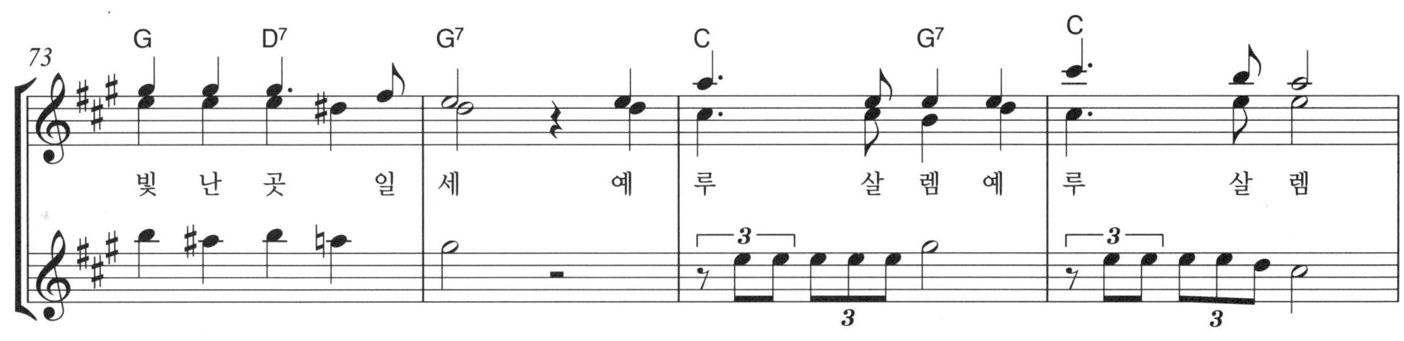

G D7 G7 C G7 C
빛난곳 일 세 예 루 살렘예 루 살렘
73
3 3
3 3
Chapter 2_ 트리오 악보들

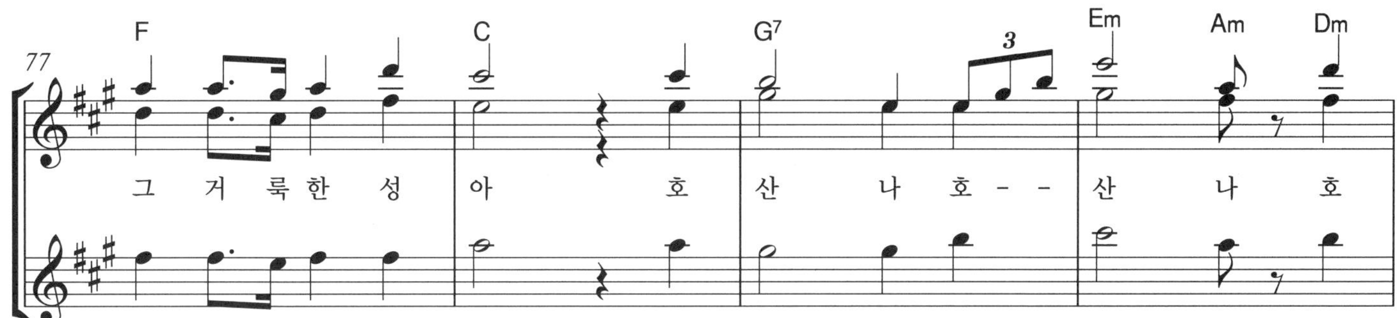

F C G7 Em Am Dm
그 거룩한성 아 호 산 나호--산 나 호
77
3

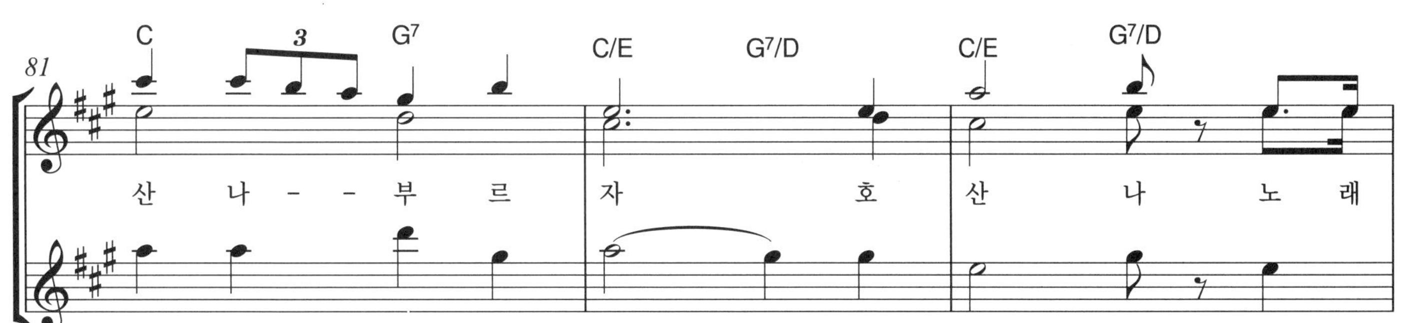

C G7 C/E G7/D C/E G7/D
산 나--부르 자 호 산 나 노 래
81
3

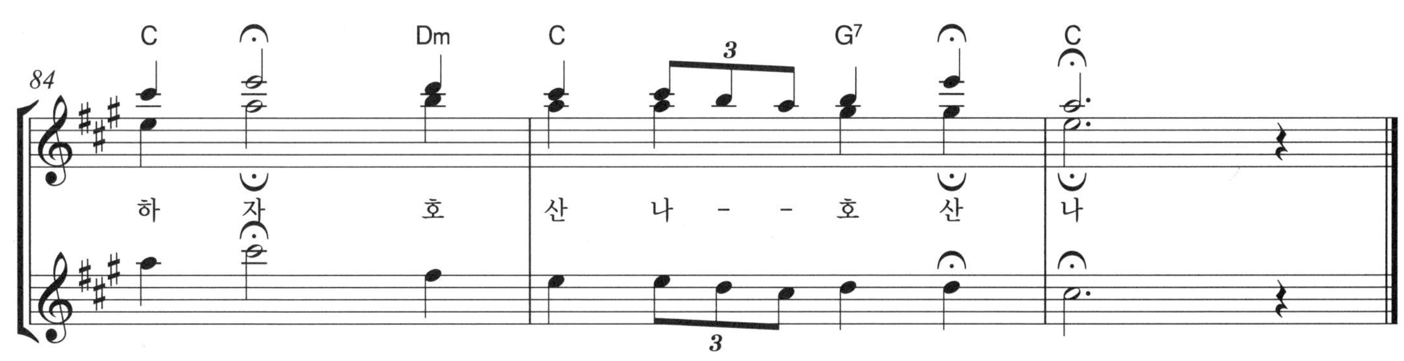

C Dm C G7 C
하 자 호 산 나--호 산 나
84
3

Words & Music by John W. Peterson
Arr. by 서성범

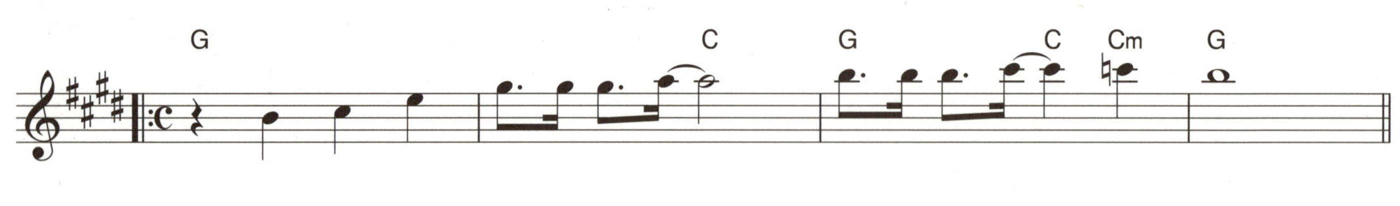

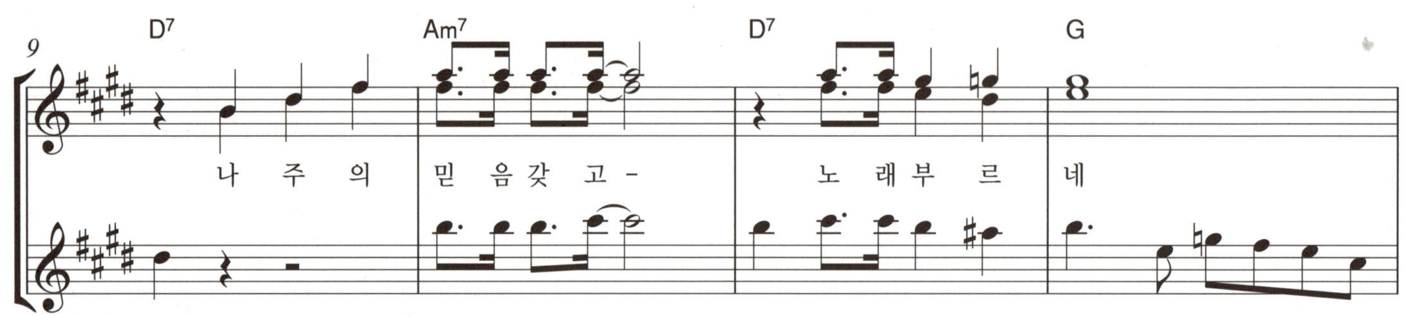

G
D7
G
세 상 끝 까 지
주 를 믿 으 리

G
G7
C
폭 풍 구 름 몰 아 치 고 -
하 늘 덮 어 도

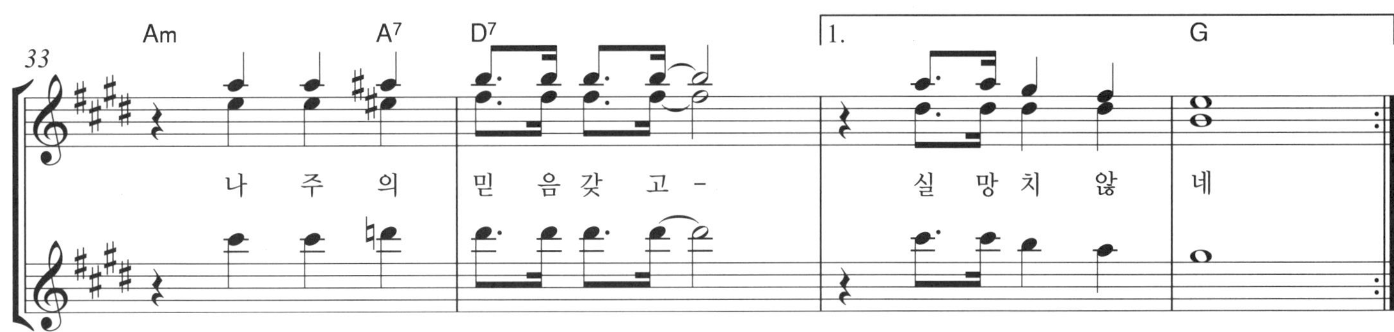
Am
A7
D7
1.
G
나 주 의 믿 음 갖 고 -
실 망 치 않 네

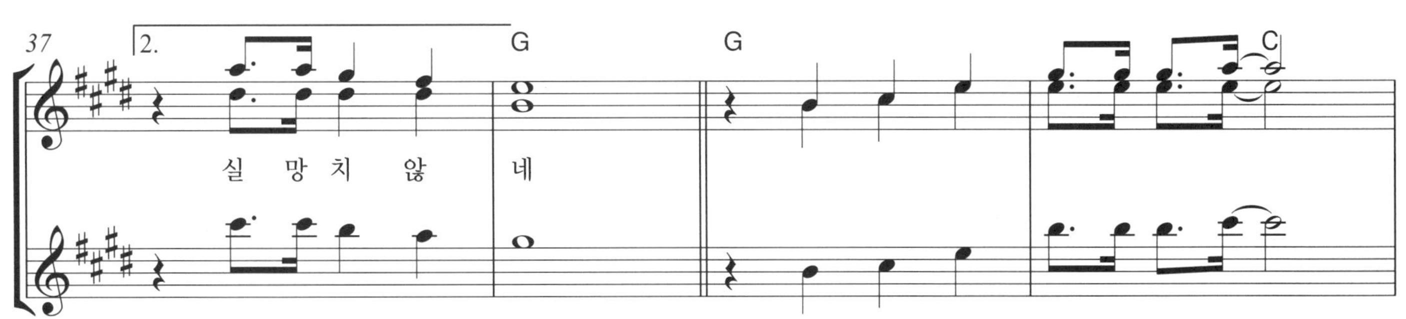
2.
G
G
C
실 망 치 않 네

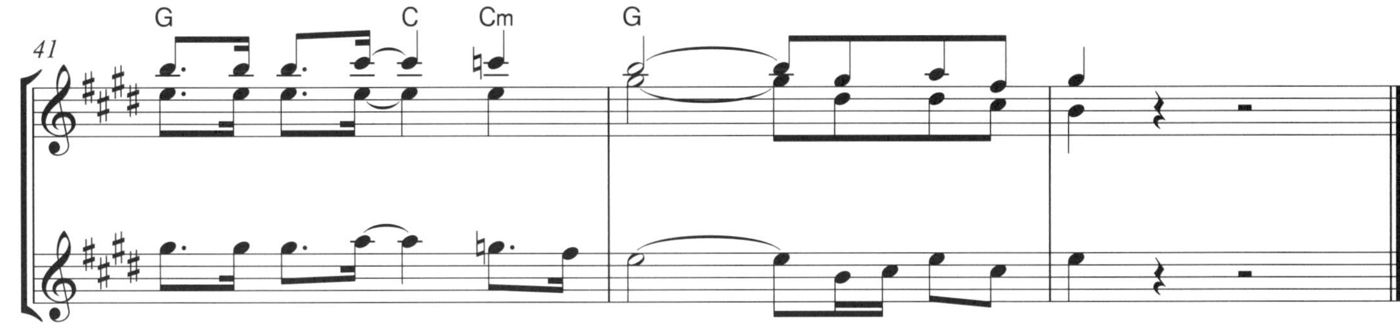
G
C Cm
G

31 십자가의 길 (ver.1)

(셀라 1861)

Words & Music by 김석균
Arr. by 서성범

한 방
울 - 또한방울 뜨거운 눈물흘릴때 저들모 두큰소리
로 희롱하 며비-웃었네 옆구 리 -창에찔려 흘러
내 린저붉은피 죽음의 -골고다 를 누굴위 해가셨나
요 -주님의 뜨거운눈 물 내가어 찌알리 요 주님
의 뜨거운눈 물 내가어 찌알리-요

호산나

(셀라 1064)

Words & Music by Carl Tuttle
Arr. by 서성범

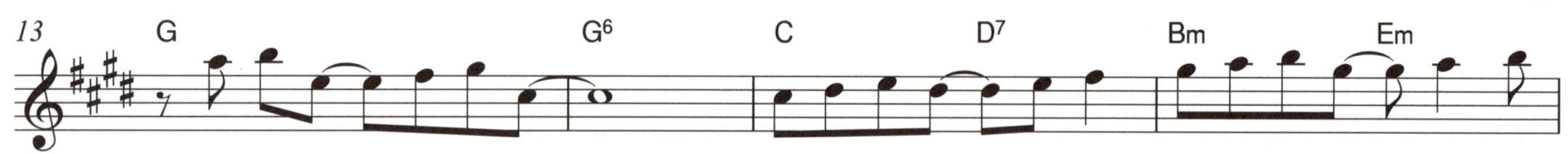

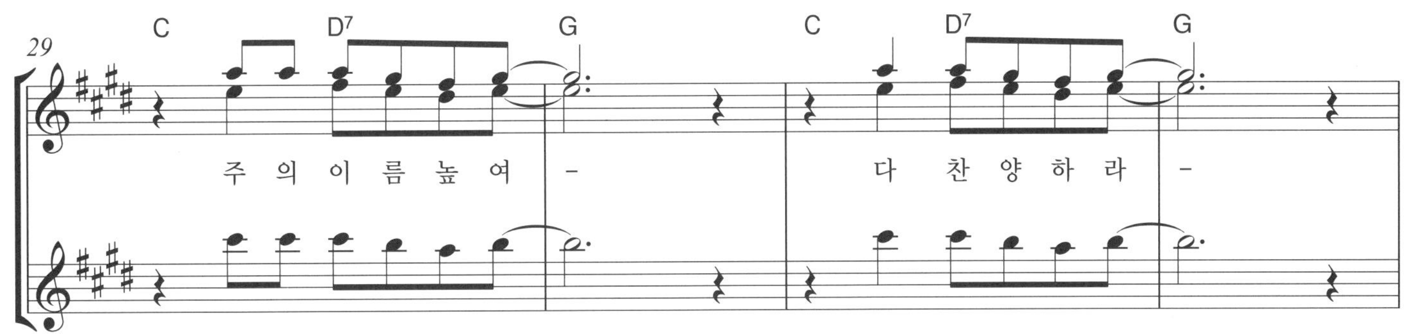
29
C D7 G C D7 G
주 의 이 름 높 여 — 다 찬 양 하 라 —

33
C D7 G Em C D7 1.G 2.G
귀 하 신 주 나 의 하 나 님 호 산 나 높 이 외 치 세 호 세 세

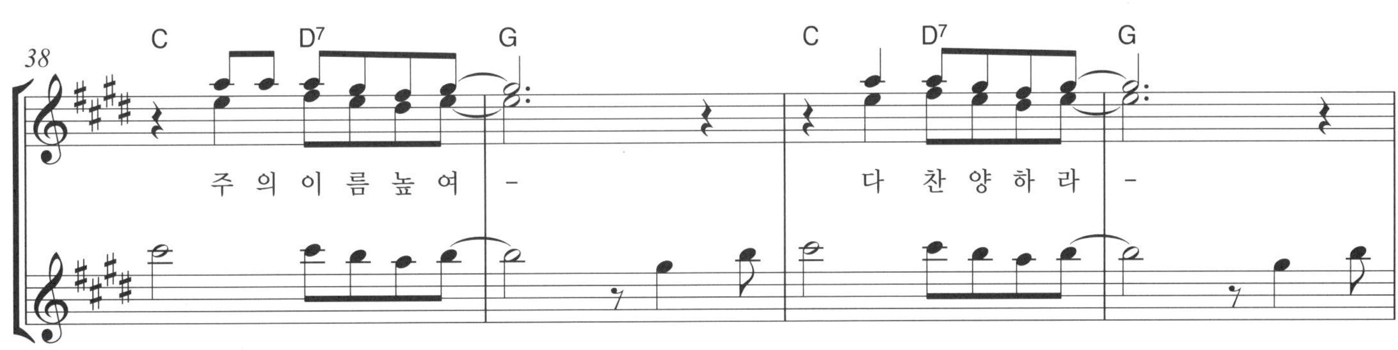
38
C D7 G C D7 G
주 의 이 름 높 여 — 다 찬 양 하 라 —

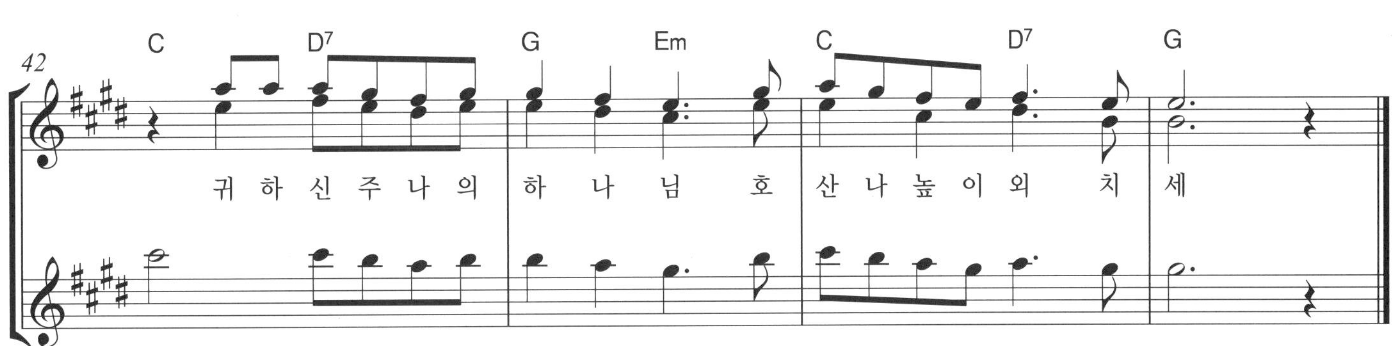
42
C D7 G Em C D7 G
귀 하 신 주 나 의 하 나 님 호 산 나 높 이 외 치 세

지존하신 주님 이름 앞에

(셀라 2390)

Words & Music by Chris Bowater
Arr. by 서성범

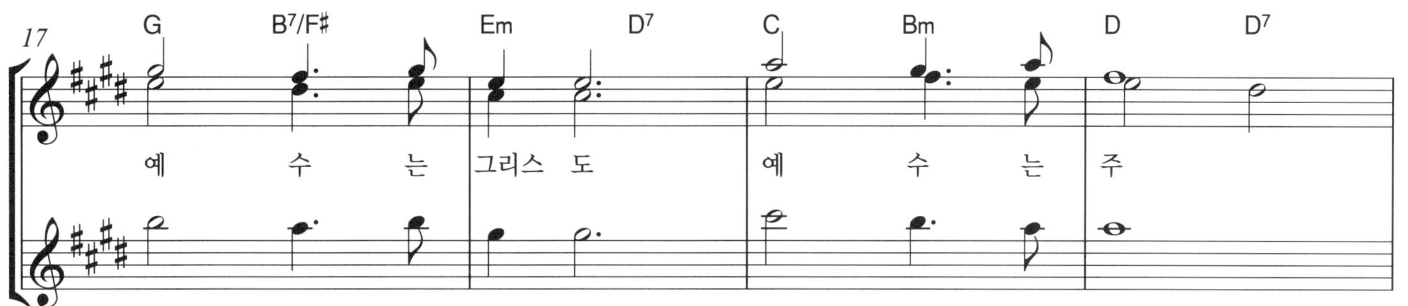

G   B7/F#   Em   D7   C   Bm   D   D7
예 수 는 그리스 도 예 수 는 주

Chapter 2_ 드리오 야시노

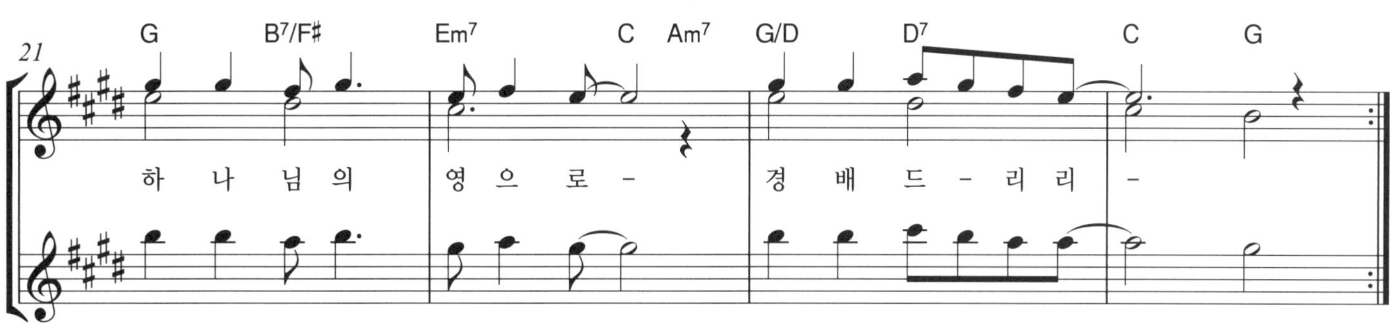

G   B7/F#   Em7   C   Am7   G/D   D7   C   G
하 나 님 의 영 으 로 - 경 배 드 리 리 리 -

G/D   D7   C   G   G/D   D7   C   G
경 배 드 - 리 리 - 경 배 드 - 리 리 -

G   B7/F#   Em   D7   C   D7   G

Words & Music by A. Tee
Arr. by 서성범

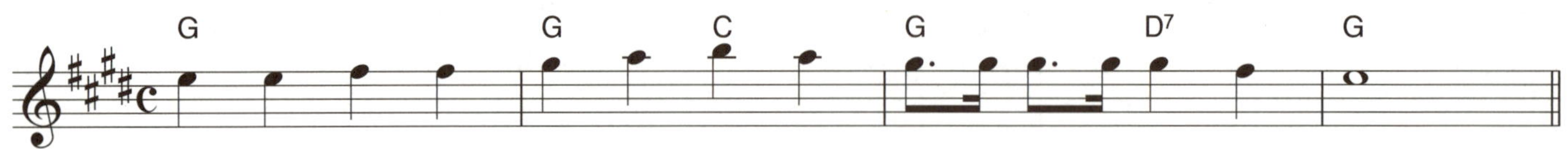

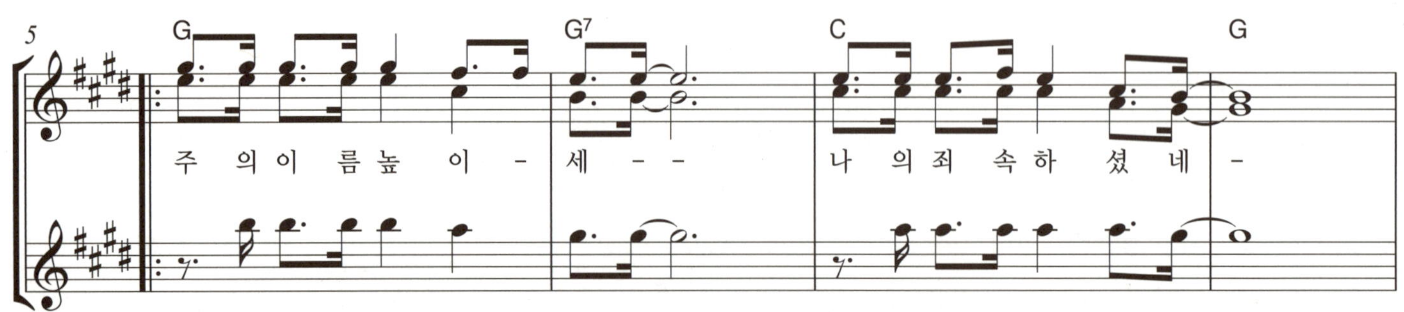

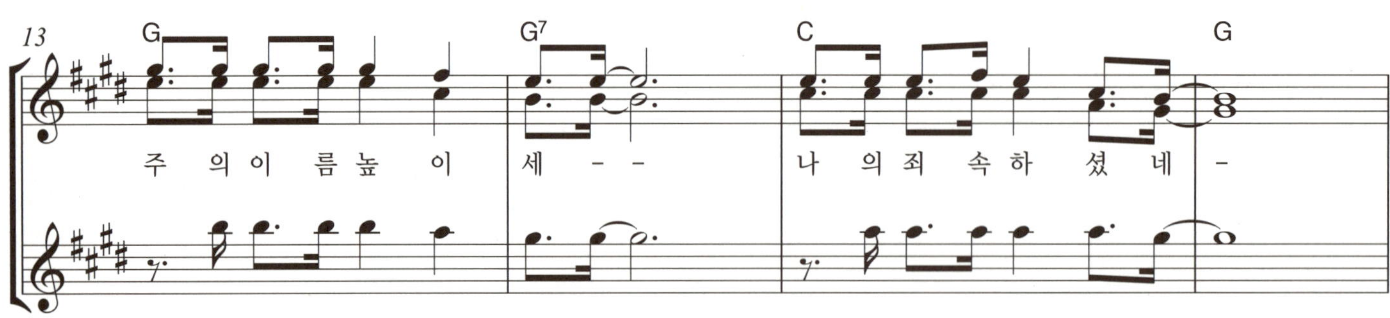

21
G G7 C G
주 의이름놀 라 - 와 - - 나 의죄 속 하 - 셨 네 -

25
D7 G A7 D7
은 혜 또 한 - 풍 - 성 히 - 나 에 게 주 셨   네

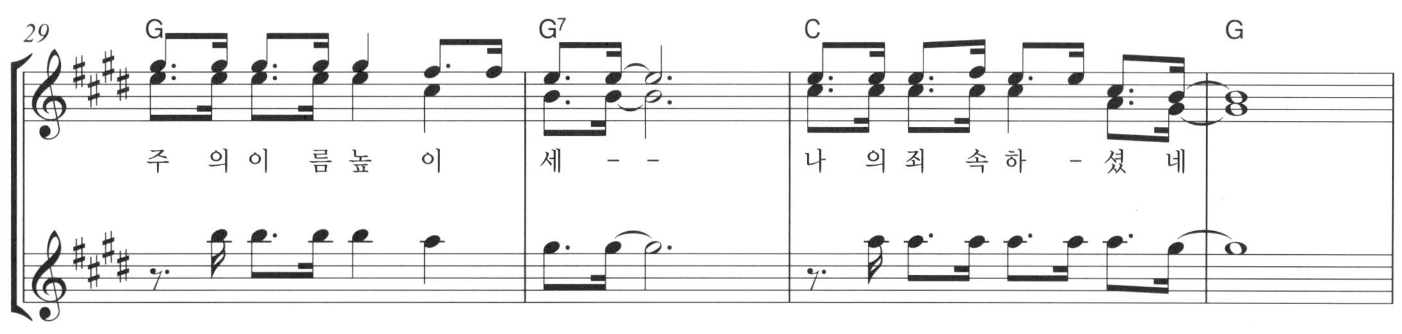
29
G G7 C G
주 의이름높 이 세 - - 나 의죄 속 하 - 셨 네

33
G D7 G C G D7 G
내 게 승 리 - 주 신 - 예 수 주 의이름높 이 세

35 저 하늘에는

(셀라 1351)

Words & Music by Negro Spiritual
Arr. by 서성범

G
D7
저 하 늘 에 는 눈 물 이 없 네 거 기 는 즐 거 움 있 네

G
D7
G
저 하 늘 에 는 눈 물 이 없 네 거 기 는 사 - 랑 만 있 네

G
D7
인 간 의 욕 심 은 사 라 져 버 리 고 영 광 만 가 득 하 겠 네

G
D7
G
우 리 의 주 님 과 함 께 있 을 때 는 영 원 한 기 - 쁨 있 겠 네

G
D7
G

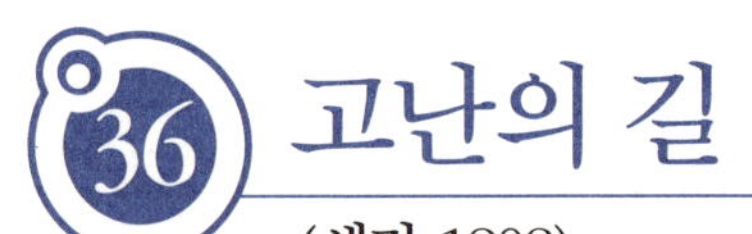

36 고난의 길

(셀라 1808)

Words by Billy Spague
Music by Niles Borop
Arr. by 서성범

네 갈보리 - 길
가시
D.S. al Coda
에 주님은그길을걸어가셨네 고난의 - 길 - 십
자 가에서 흘린보혈은 예루살렘유다와 땅 - 끝까 - 지 - 구원
의강물이되어온세 상을덮었네 세 - 상의모든죄를대속했네 모두 비웃고조롱하며떠났던
바 로그길을 이젠 너와내가가야만하 네 생명의 -
길 - 우 - - - - 우

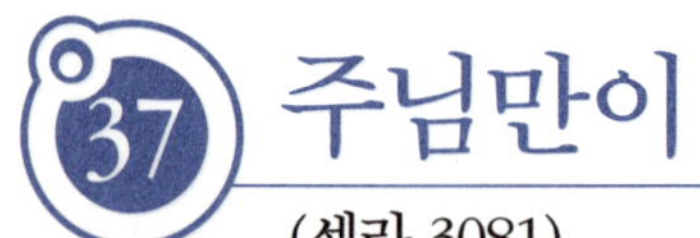

37 주님만이

(셀라 3081)

Words & Music by 조효성
Arr. by 서성범

주 님만 - 이
내 힘이시며
오 주님만 - 이
날 도우시네
오 나의 주 - 님
내 아버지여
오 나의 주 - 님
내 사랑이여
나
D.S. al Coda
오 나의 주 - 님
내 사랑이여

38. 십자가의 길 (ver.2)

한 방
울 - 또한방울 뜨거운 눈물흘릴때 저들모 두큰소리
로 희롱하 며비-웃었네 옆구리 -창에찔려 흘러
내 린저붉은피 죽음의 -골고다를 누굴위 해가셨나
요 -주님 의 뜨거운눈물 내가어 찌알리요 주님
의 뜨거운눈 물 내가어 찌알리-요

39 내 잔이 넘치나이다

(셀라 2107)
Words & Music by L. Anderson
Arr. by 서성범
나에게생수 부으시니 나에게생수 부으시니
나에게생-수 부으시니 내잔이넘치나이 다 - - -
내잔이넘치나이 다 메마른사막 거친광야도
꽃피고즐거워하 네 이세상모-두 주를알리니
내잔이넘치나이 다 - - - 내잔이넘치나이 다

나에게생수 부으시니 나에게생수 부으시니 나에게생-수
부으시니 내잔이넘치나이 다 - - - 내잔이넘치나이 다
할렐-루 야 할렐루-야 할렐루야할렐루 야 할렐-루-야
할렐루-야 내잔이넘치나이 다 - - - 내잔이넘치나이 다
내잔이넘치나이 다 내잔이넘치나이 다

40. 나의 참 친구

(셀라 1013)
Words & Music by 김석균
Arr. by 서성범

예수 - 보다 - 더 좋은 친구 없 네

예수 - 보다 - 더 좋은 친구 없 네

괴 로 울 때 - 다 가 와 서 마 음 에 평 화 주 는

신 실 하 신 나 의 참 친 구 - -

G
외 로 울 때 - 찾 아 와 서 친 구 가 되 어 주 는
G
E7
A7
사 랑 많 은 나 의 참 친 구 -
D
G
주 예 수 사 랑 하 리 라
D
A7
나 의 생 명 다 할 때 까 지 -
D
G
주 예 수 사 랑 하 리 라
D
A7
D
나 의 생 명 다 할 때 까 지 -
2nd time repeat
D.C. al Fine

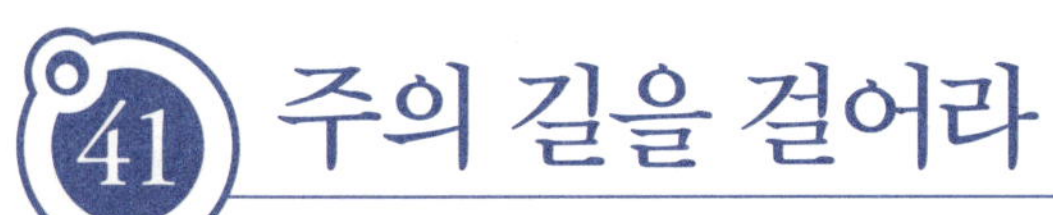

41
주의 길을 걸어라
(셀라 2306)

Words by B. D. Ackley
Music by A. H. Ackley
Arr. by 서성범

낮엔기쁨으로 밤엔노래로 주의길을걸어 라

우리사는세 상 기쁨넘치리 주의길을걸어 라

주님 가신길을 걸어 라 주의길을걸어 라 이땅

위에모른사람 구원얻게될 주의길을걸어 라

주의인도따라
주님과함께
주의길을걸어라
주님안엔항상
행복넘치리
주의길을걸어라
주님 가신길을 걸어라
주의길을걸어라 이땅
위의모든사람
구원얻게될
주의길을걸어라

42 준비합시다
(셀라 1115)
Words & Music by 김대진
Arr. by 서성범
G
D
A7
D
D
G
D
금 - 그 릇 은 그 릇 질 그 릇 과 나 무 그 릇 귀 히 도
금 그 릇 이 좋 을 까 은 그 릇 이 좋 을 까 주 인 쓰
1. A7
D
2. A7
쓰 - 고 천 히 도 쓴 다 네 기 에 합 당 하 려 면
D
D7
G
깨 끗 한 게 문 제 지 준 비 합 시 다 깨 끗 하 게 비 웁
D
1.
A7
D
시 다 나 의 사 랑 주 께 - 쓰 임 받 기 위 하 여
2.D
A7
D
선 한 - 청 지 기 의 사 업 맡 기 려 고 합 니 다
188

누 - 구 는 수 많 은 재 능 들 어 있 구 요 누 구 는
주 님 께 서 들 어 서 쓰 시 고 자 하 는 자 는 언 제 나
아 무 런 가 진 것 없 어 도 자 기 맘 을 비 워 서
깨 끗 한 자 랍 니 다 준 비 합 시 다 깨 끗 하 게 비 웁
시 다 나 의 사 랑 주 께 - 쓰 임 받 기 위 하 여
선 한 - 청 지 기 의 사 업 맡 기 려 고 합 니 다

43. 내 평생 살아온 길

Words by 조용기
Music by 김성혜
Arr. by 서성범

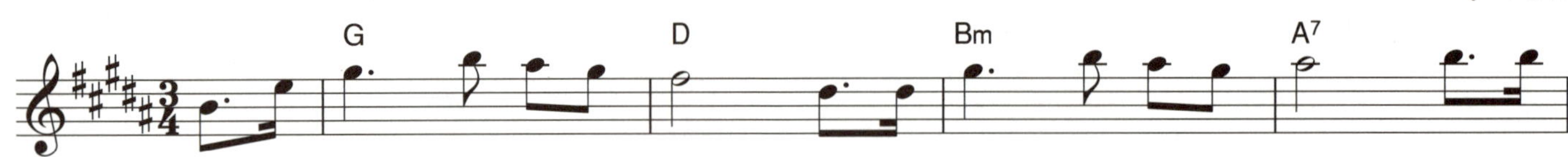

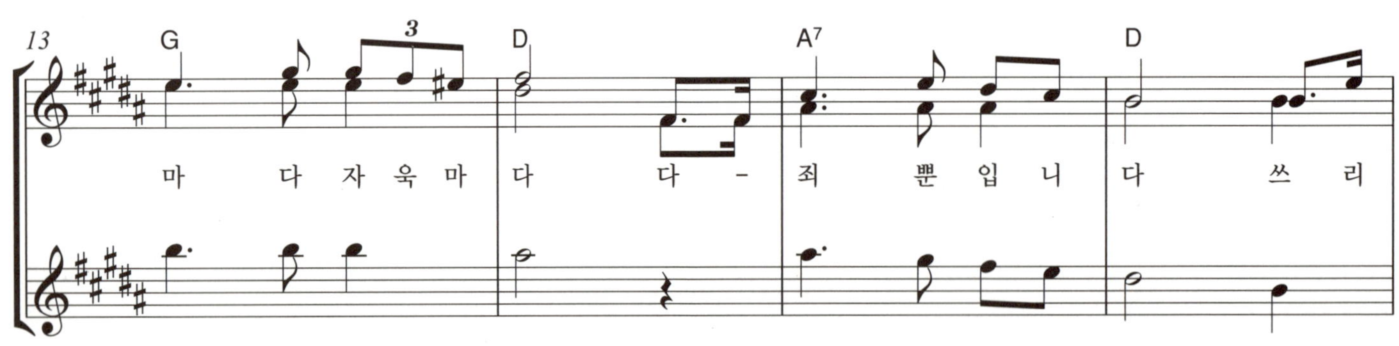

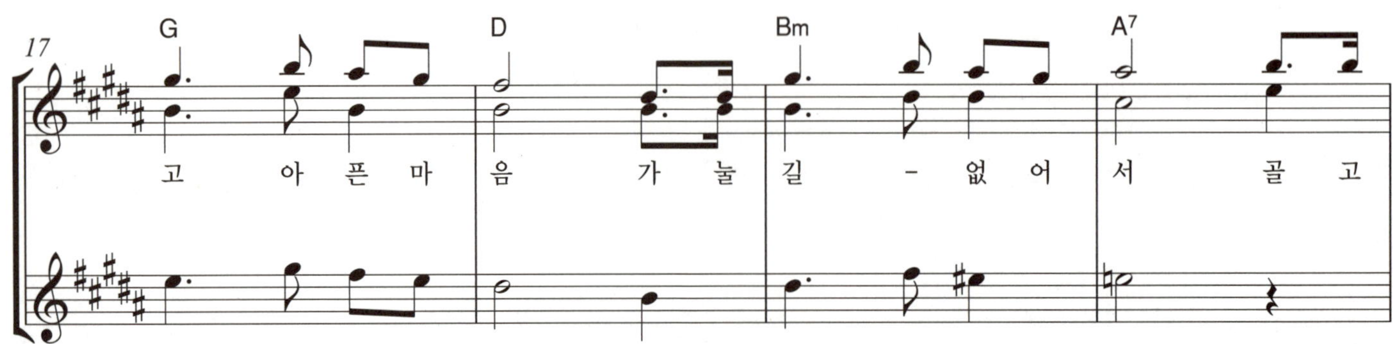

다 언덕길을 지금 찾 아 옵니 다 나 갈

은 못 난 인 간 주 께 서 살 리 시 려 하 늘

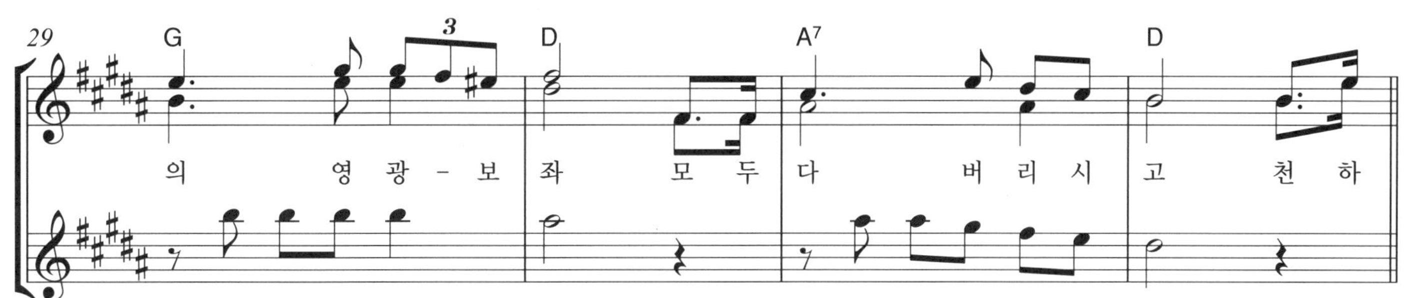

의 영광 - 보 좌 모 두 다 버 리 시 고 천 하

디 천 한 종 의 형 상 을 입 으 셨 네 아 -

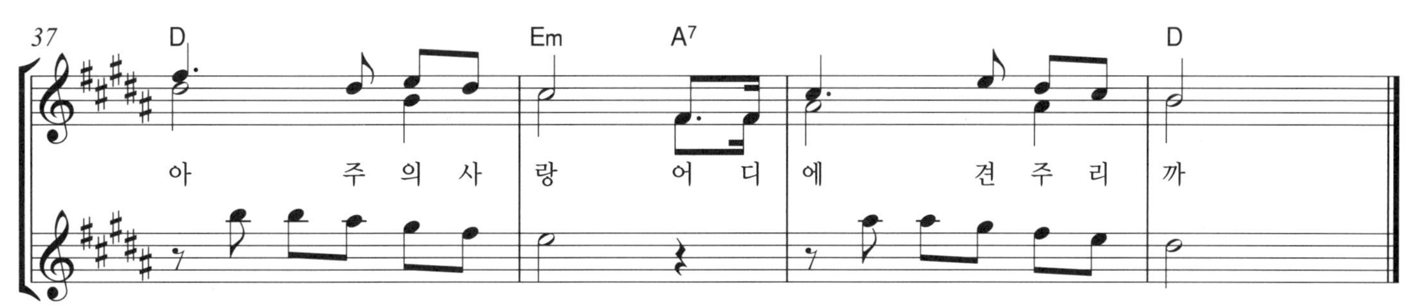

아 주 의 사 랑 어 디 에 견 주 리 까

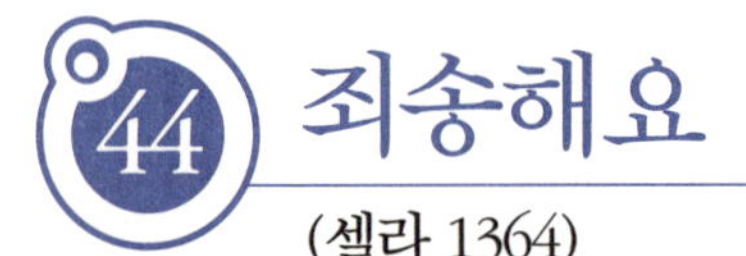

44 죄송해요

(셀라 1364)

Words & Music by Anonymous
Arr. by 서성범

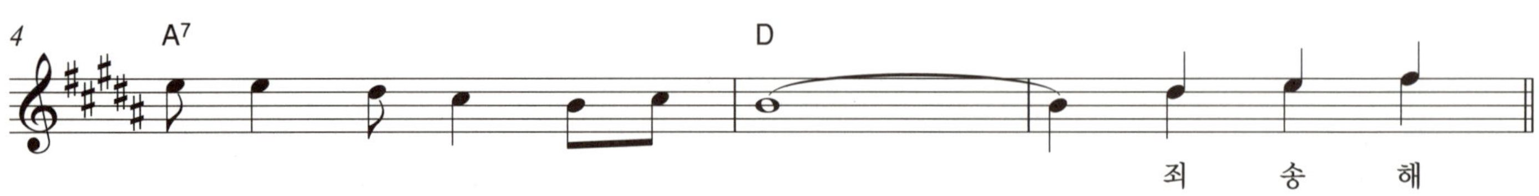

널 리 이 웃 더 러 오 라 했 더 니 그 때 모 든 사 람 들 이 대 답 하 는 말 죄 송 해

요 죄 송 해 요 정 말 잔 치 에 갈 수 없 소 장 가 가 야 하 고 소 도

사 야 하 고 논 과 밭 에 나 가 서 할 일 은 많 아 내 어 이 하 리 죄 송 해

요 한 어 느 요

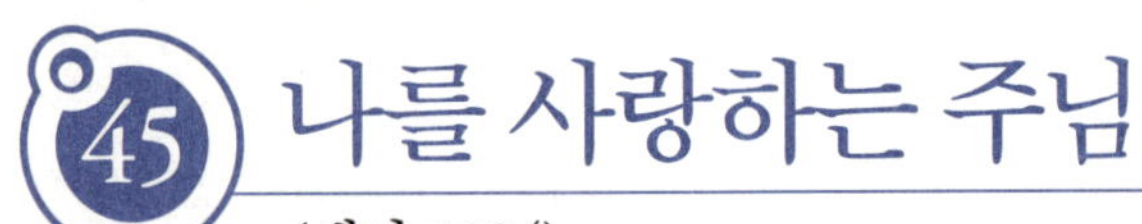

45
나를 사랑하는 주님
(셀라 1134)

Words by Anonymous
Music by New Zealand Folk Song
Arr. by 서성범

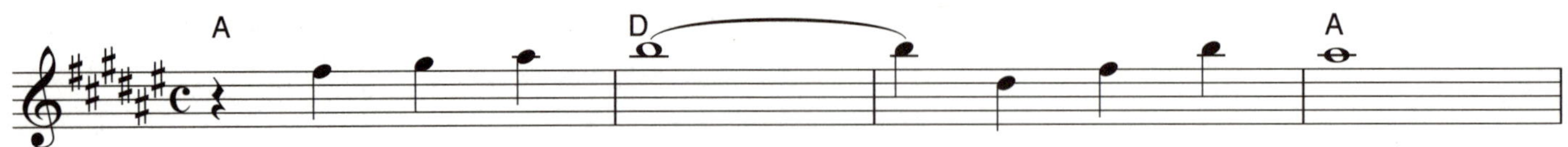

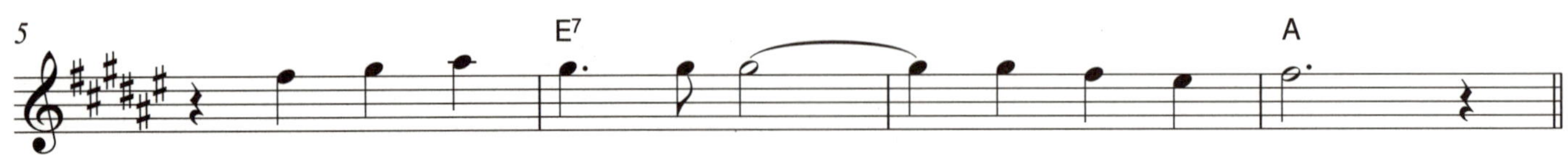

나 를 사 랑 하 는 주 님   나 를 위 해 죽 으 시 고

부 활 승 천 하 시 어 서   나 의 주 가 되 셨 네

나 를 사 랑 하 는 주 님   나 를 위 해 죽 으 시 고

부 활 승 천 하 시 어 서 나 의 주 가 되 셨 네

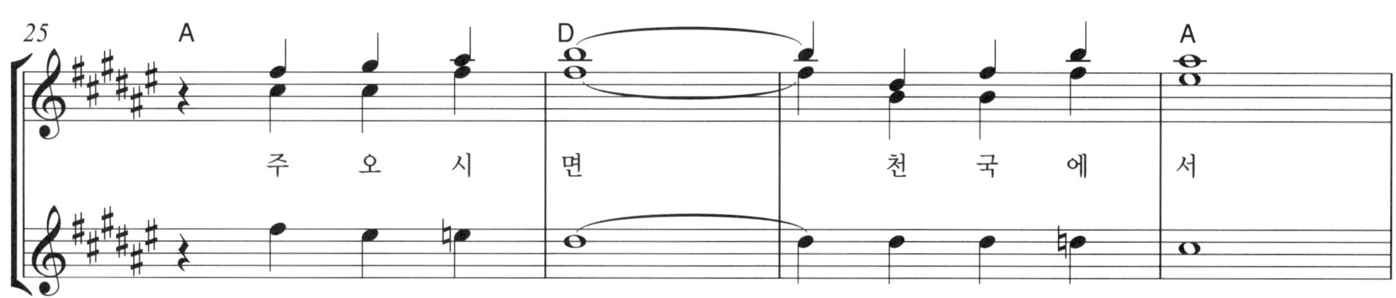
주 오 시 면 천 국 에 서

주 님 과 살 리 라 영 원 토 록

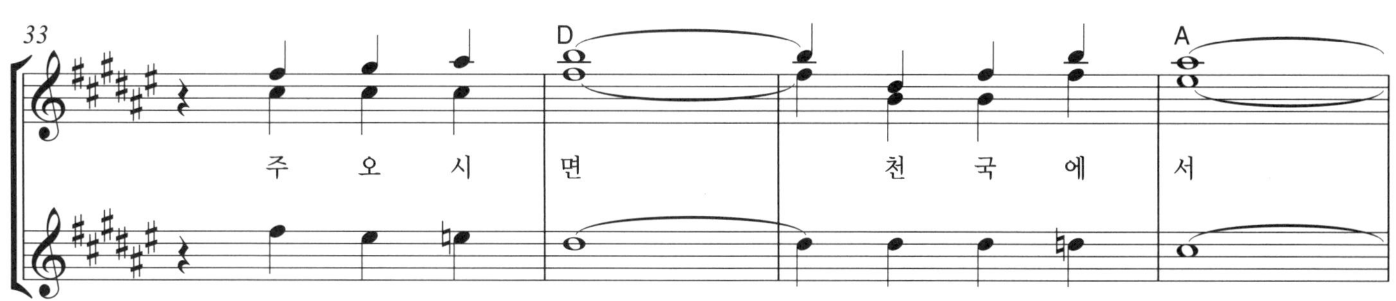
주 오 시 면 천 국 에 서

주 님 과 살 리 라 영 원 토 록

D.C. al Fine

돌아온 탕자

(셀라 2071)

Words & Music by 김석균
Arr. by 서성범

무 거 운
짐 등에지고 쉴곳없 어애처로운몸 쓰러지
고 넘어져도 위로할 자내겐없었네 세 상
에 서버림받 고 귀한세 월방탕하다 아버
지 를만났을때 죄인임 을깨달았네

Chapter

3

"무반주 트리오"

감사함으로 그 문에

(I Will Enter His Gates)

Words & Music by L. V. Brethorst
Arr. by 서성범

2. 주 하나님 지으신 모든 세계
(How Great Thou Art)

Words by C.G. Boberg
Music by Swedish Folk Melody
Arr. by 서성범

③ 죄짐 맡은 우리 구주

(What Friend We Have In Jesus)

Words by J. Scriven
Music by C. C. Converse
Arr. by 서성범

근 심걱정무거운 짐 아 니진자누군 가

피 난처는우리 예 수 주 께기도드리 세

세 상친구멸시 하 고 너 를조롱하여 도

예 수품에안기 어 서 참 된위로받겠 네

주께 두 손 모아 비나니

(Putting Both Hands Of The Lord Rain)

Words & Music by 김석균
Arr. by 서성범

로 믿음안에서 서 - 로 소망가운데 서 -

로 사랑안에서 손 잡고가는 길 오 -

주 사랑의종 소 리가 사 - 랑 의종소리 가 이

시 간우리 모 두 - 를 감 싸 게하여주소서 주
Fine

주는 저 산 밑에 백합

(Give Me A Mountain Under The Lilies)

Words by C. W. Fry
Music by 박재훈
Arr. by 서성범

나 는새벽별 이 땅위 에비길것이없어라 비길것이없어 라 내 -
Allegretto
맘을다하여서주 뜻을따르면주는 길이길이함께하시 고주가 나의방패되사늘 지켜주시니이세
상에겁낼것이없어 라저 생명강가에서나 영광에싸여내 - 주의귀한얼굴뵈오리 주는
저산밑에백합빛 나는새벽별이땅 위에비길것이없어 라 저
생명강가에서나 영광에싸여내 - 주의귀한얼굴뵈오 리 주의
Slowly
귀 한얼굴 뵈 오리주 귀한얼 - 굴뵈오리 (주의얼굴뵈오 리)
Chapter 3_ 반주 트리오

6 주의 음성을 내가 들으니

(I Am Thine, O Lord)

Words by F. J. Crosby
Music by W. H. Doane
Arr. by 서성범

까 이 가 오 니 구 세 주 의 흘 린 보 배 피 로 써 나 를
정 케 하 소 서

Chapter 3_ 플루트 트리오

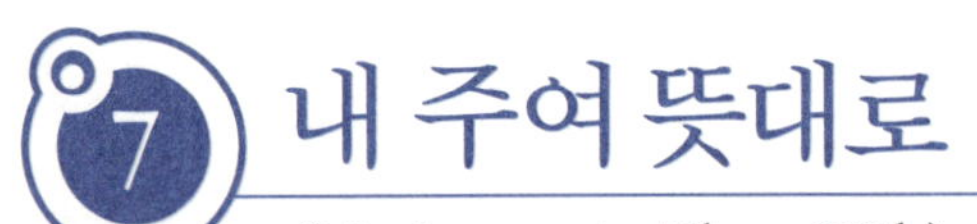

7 내 주여 뜻대로

(My Jesus, As Thou Wilt)

Words by B. Schmolck
Music by C. M. von Weber
Arr. by 서성범

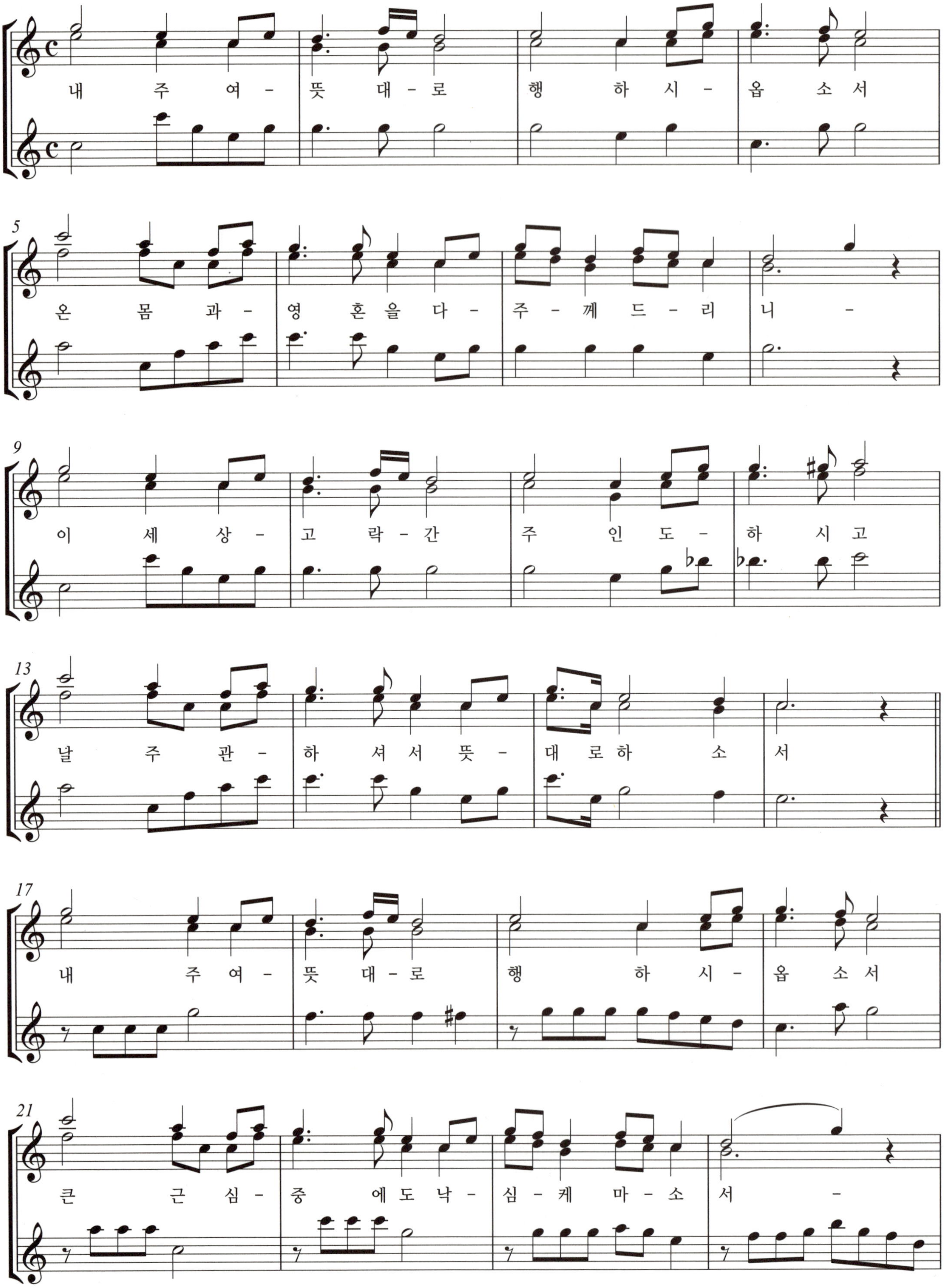
내 주 여 - 뜻 대 - 로 행 하 시 - 옵 소 서
5
온 몸 과 - 영 혼 을 다 - 주 - 께 드 - 리 니 -
9
이 세 상 - 고 락 - 간 주 인 도 - 하 시 고
13
날 주 관 - 하 셔 서 뜻 - 대 로 하 소 서
17
내 주 여 - 뜻 대 - 로 행 하 시 - 옵 소 서
21
큰 근 심 - 중 에 도 낙 - 심 - 케 마 - 소 서 -

주 님 도 - 때 로 는 울 기 도 - 하 셨 네
날 주 관 - 하 셔서뜻 - 대 로하 소 서
내 주 여 - 뜻 대 - 로 행 하 시 - 옵 소 서
내 모 든 - 일 들을다 - 주 - 께 맡 기 고
저 천 성 - 향 하 - 여 고 요 히 - 가 리 니
살 든 지 - 죽 든 지뜻 - 대 로하 - 소 - 서

8
지금까지 지내온 것
(God's Great Grace It Has Brought Us)
Words by T. Sasao
Music by Traditional American Melody
Arr. by 서성범

지 금 까 지 지 내 온 것 주 의 크 신 은 혜 라 한 이

없 는 주 의 사 랑 어 찌 이 루 말 하 랴 자 나 -

깨 나 주 의 손 - 이 항 상 - 살 펴 주 시 고 모 든

일 을 주 안 에 서 형 통 하 게 하 시 네
2nd time Fine

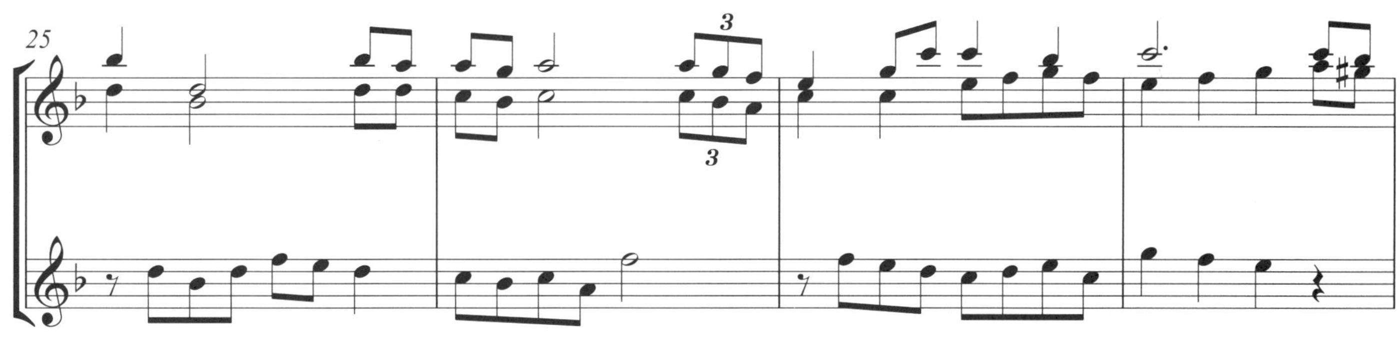

D.C.

죄에서 자유를 얻게 함은

(Would You Be Free From Your Burden Of Sin?)

Words & Music by L. E. Jones
Arr. by 서성범

구 주의복 음을 전 할제목 보 혈 의 능력 주 의 보혈

날 마 다 나 에게 찬 송주니 참 놀 라운능력이로 다 주의

보 혈 능력있도다 주의피 민으오 주의보 혈

그 어린양의 매우 귀 중한피로 다 매우 귀 중한피로 다

10

성도여 다 함께

(Come, Christians, Join To Sing)

Words by C. H. Bateman
Music by Traditional Spanish Melody
Arr. by 서성범

할 렐 루 야 아 - 멘 인 도 자 되 시 며
친 구 가 되 신 주 그 사 랑 끝 없 다
할 렐 루 야 아 - 멘 주 찬 양 하 여 라
할 렐 루 야 아 - 멘 찬 양 은 끝 없 다
할 렐 루 야 아 - 멘 거 룩 한 집 에 서 주 은 총
기 리 며 늘 찬 송 부 르 자 할 렐 루 야 아 - 멘

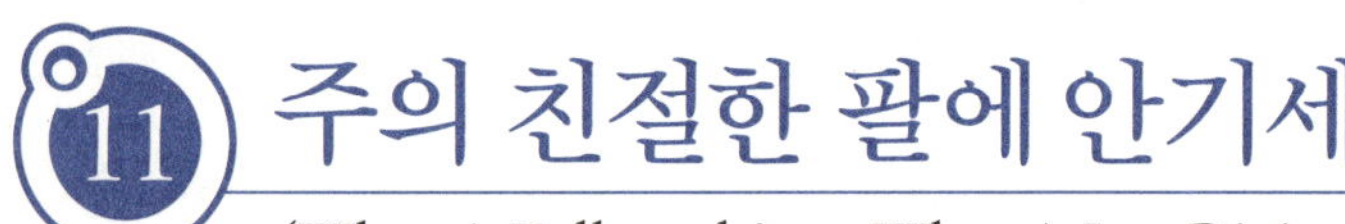

11 주의 친절한 팔에 안기세

(What A Fellowshinp, What A Joy Divine)

Words by E. A. Hoffman
Music by A. J. Showalter
Arr. by 서성범

Moderato

Allegro
rit.
주 의보 - 좌로 나 아갈 - 때에 기 뻐찬미소리 외 치고 -
겁 과두 - 려움 없 어지 - 리니 영원하신팔에 안 기세 -
주 의 - 팔 에 - 그 크신팔에 안 기세 -
주 의 - 팔 에 - 영 원하신팔 - 에
겁 과두려움 없 어지 - 리니 영 원하 - 신팔 - 에

12 주와 함께 가도록

(Just A Closer Walk With Thee)

Word & Music by American Folk Tune
Arr. by 서성범

세 상유혹당할때 자 주넘어지오 나 - -
주 님외에그누 가 - - 내짐대신지실 까
주 께더욱가까이
동 행하게합소서 - - 아 무때나어디든 -지 주와
함께 주와함께 - 아 무때나어디
든 -지 주 와하 께있 기 원하네 -

13 산타루치아

(Santa Lucia)

Words & Music by Italy Folk Song
Arr. by 서성범

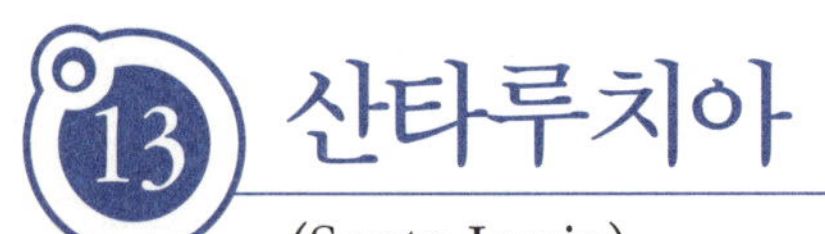

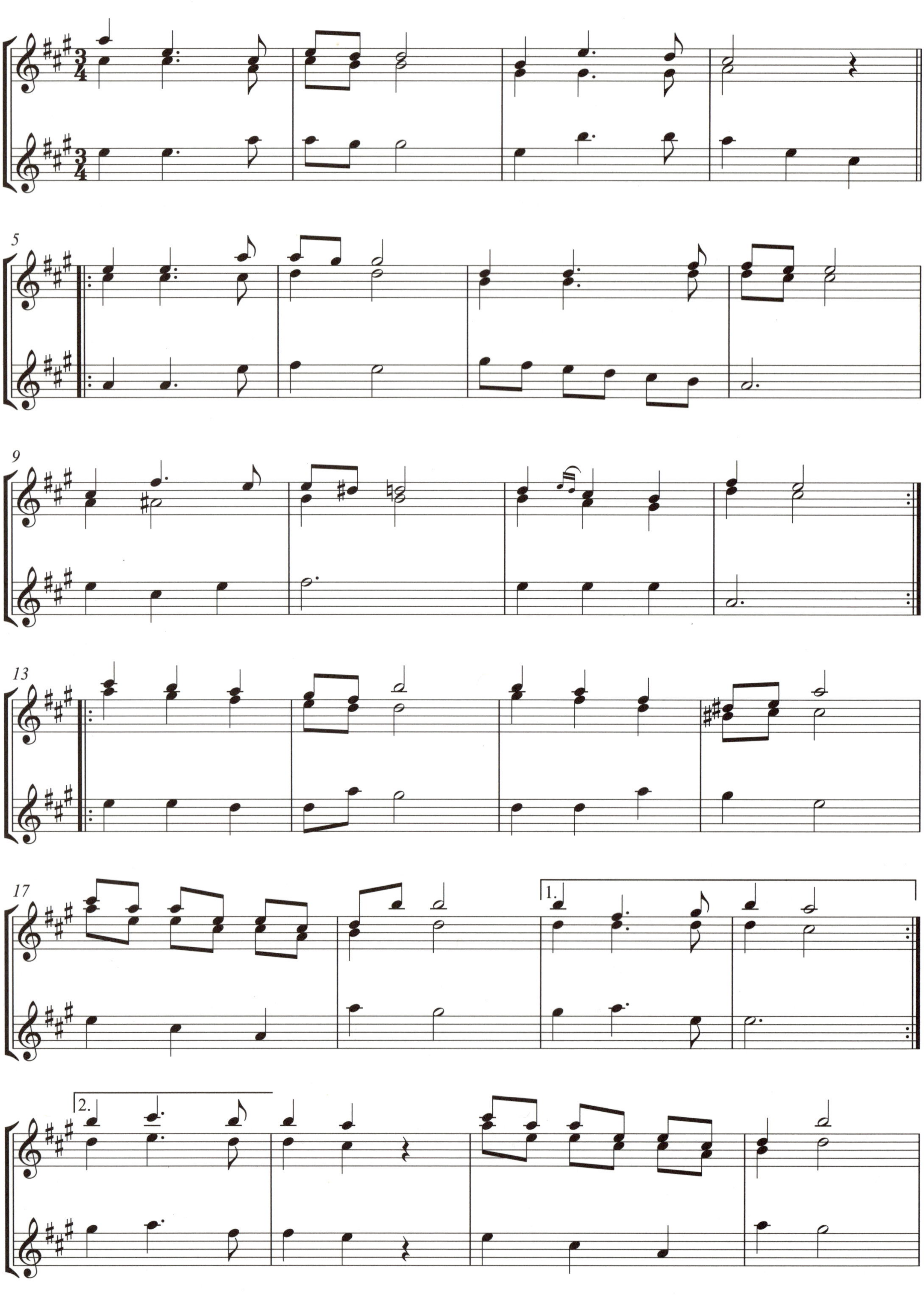

223

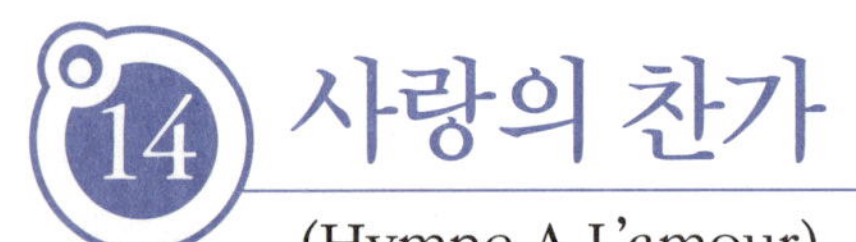

사랑의 찬가
(Hymne A L'amour)

Chapter 3_울림을 드리운

피크닉의 노래

(Picnic Song)

Music by England Folk Song
Arr. by 서성범

16 오! 샹젤리제

(Les Champs-Elysees)

Music by Mike Dieghan
Arr. by 서성범

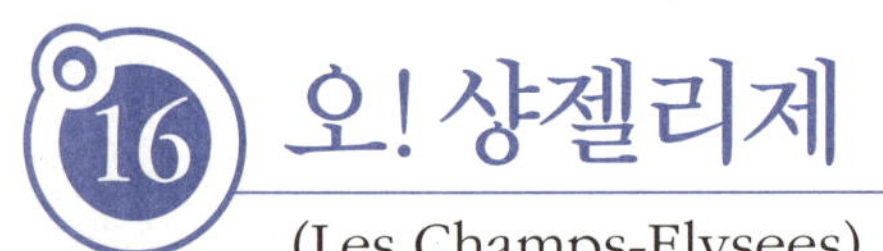

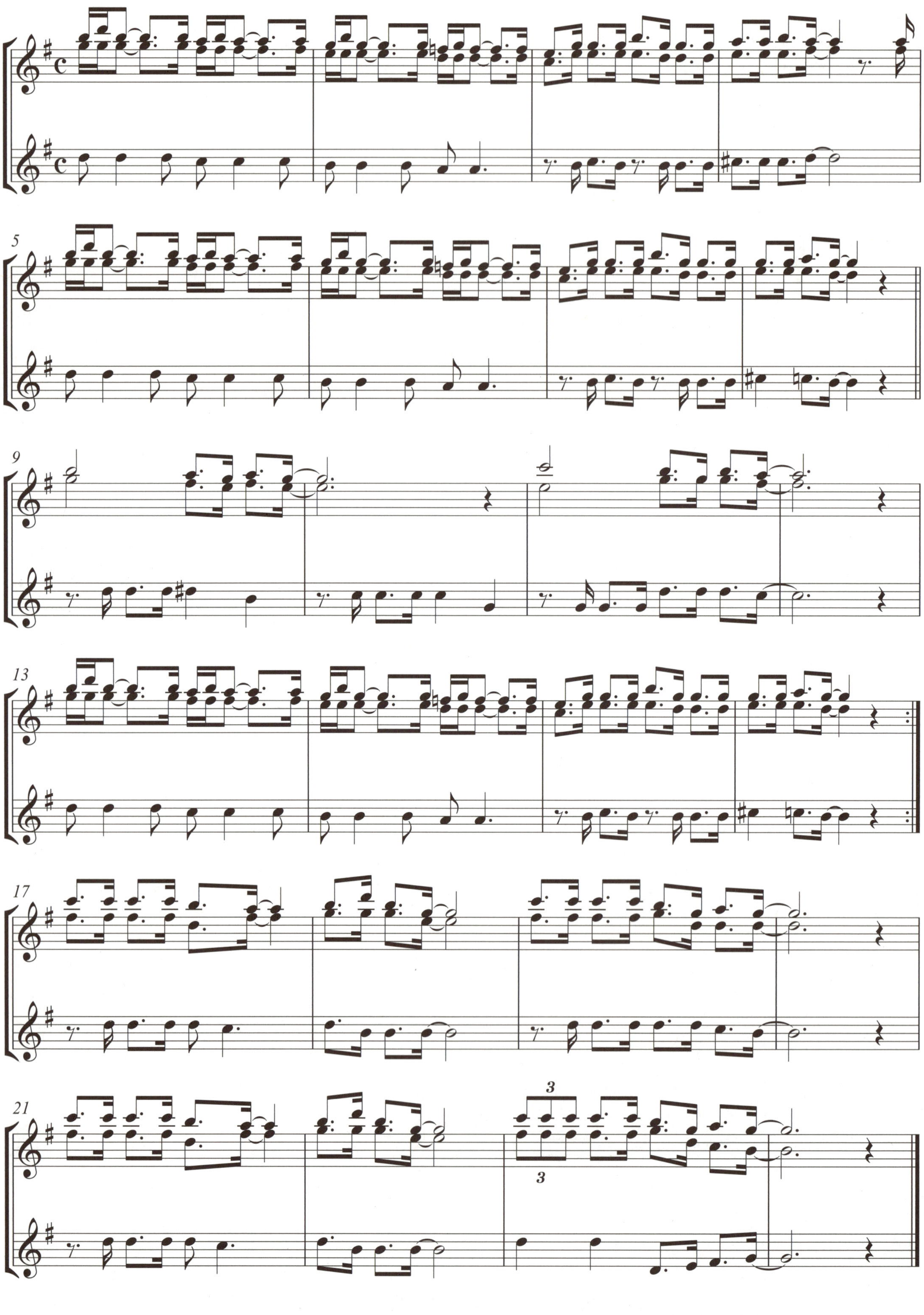

You Raise Me Up

푸른 목장
(Over The Meadows)

19 주인은 차디찬 흙 속에
(Massa's In The Cold Ground)

Music by S. C. Foster
Arr. by 서성범

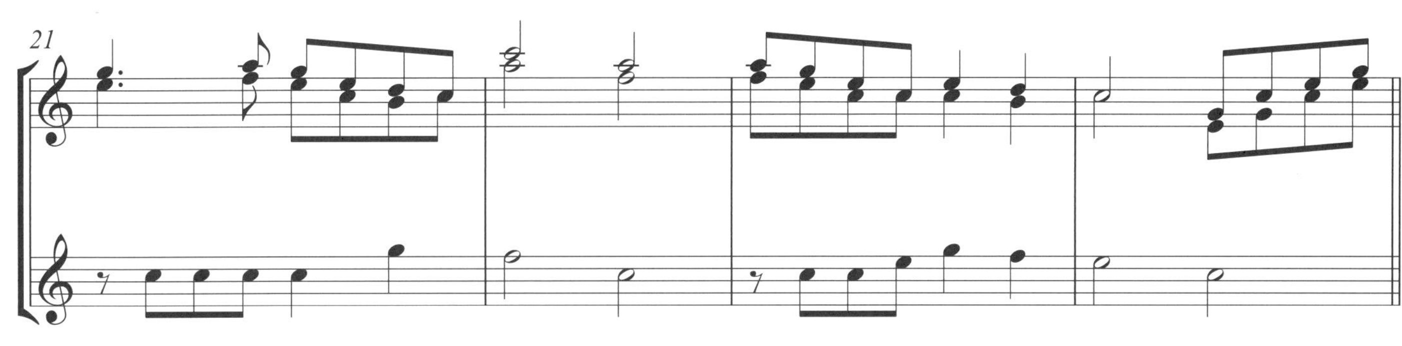

Chapter 3_ 캐논주 트리오

Over The Rainbow

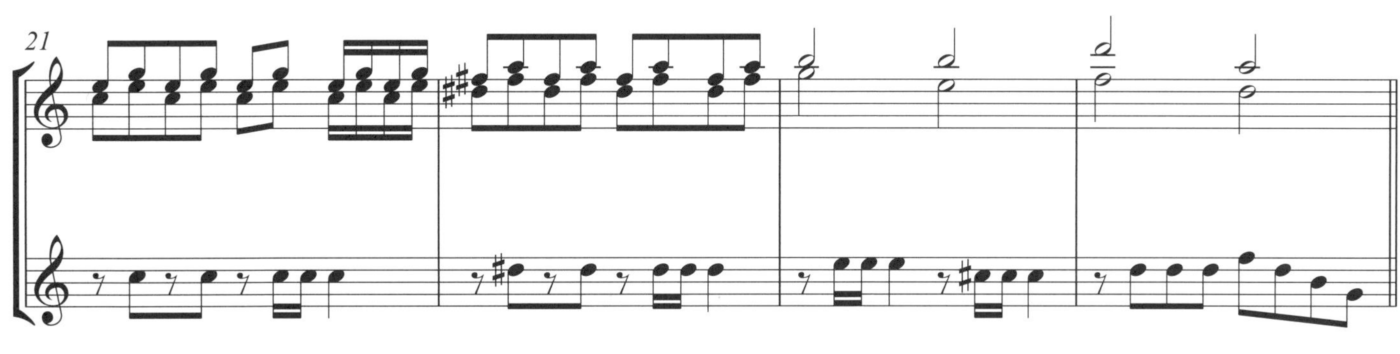

Chapter 3_ 구박주 드리오

21
10월의 어느 멋진 날에
(Serenade To Spring)
Music by R. Loveland
Arr. by 서성범
Ab
Bbm
Eb7
Ab
Fm
Bb(sus4)
Bb7
Eb(sus4)
Eb
Ab
Bbm
Eb7
Ab
Fm
Db
Eb7
Ab
Bbm
Eb
Ab
Fm
G
C(sus4)
C7
Ab
Bbm
Eb7
Fm
Bbm
Eb7
1.Ab
Db/Ab
Ab
Db/Ab
2.Ab
236

Chapter 4

"무반주 컬텟 콜렉션"

① 놀라운 그 이름

(His Name Is Wonderful)

Words & Music by A. Mieir
Arr. by 서성범

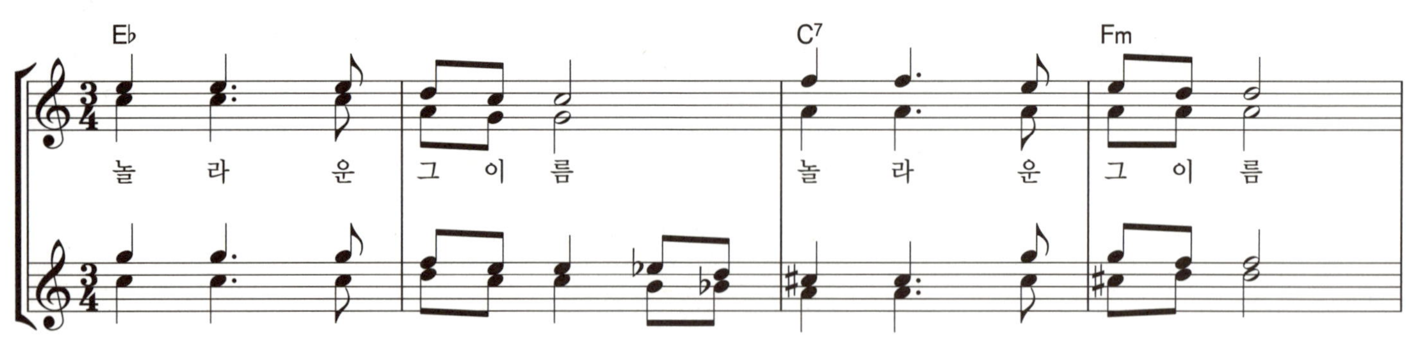

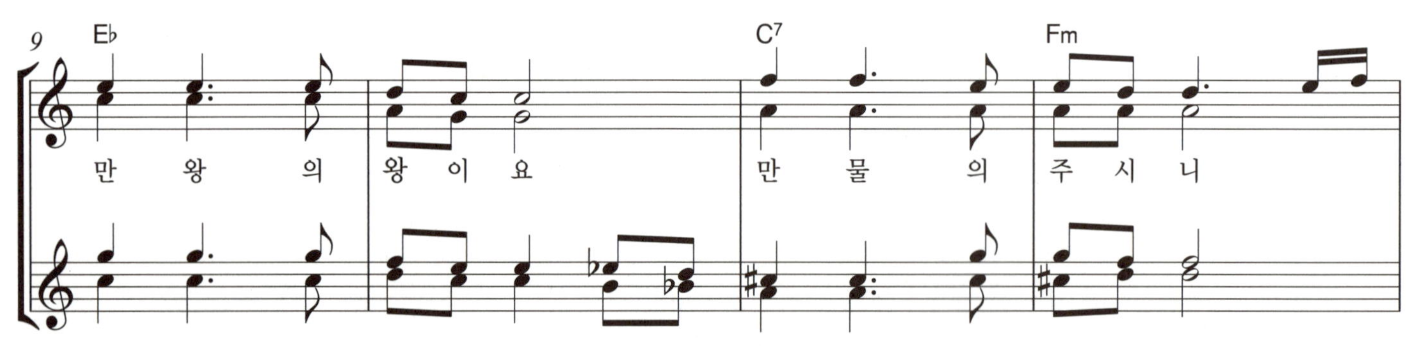

17 Bb7
Eb
위 대 한 목 자 영 원 하 신 반 석

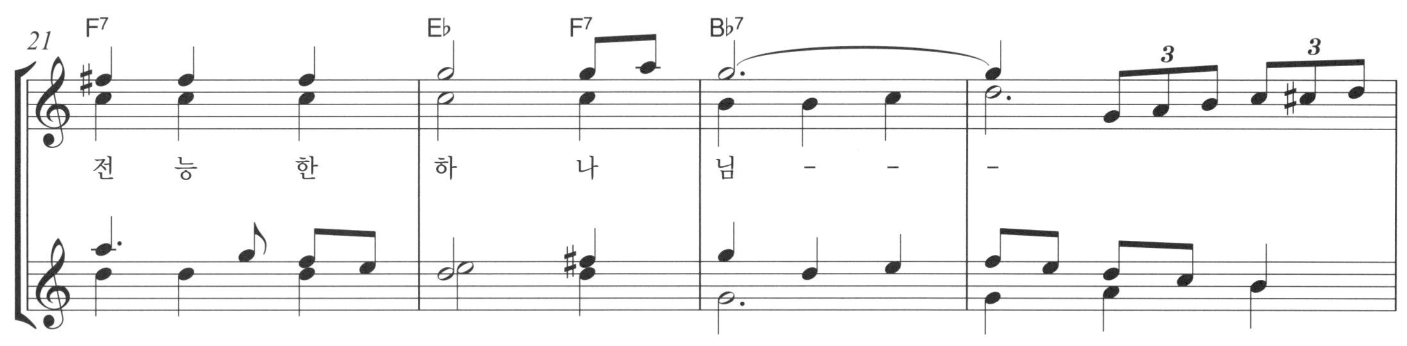

21 F7
Eb
F7
Bb7
전 능 한 하 나 님 - - -

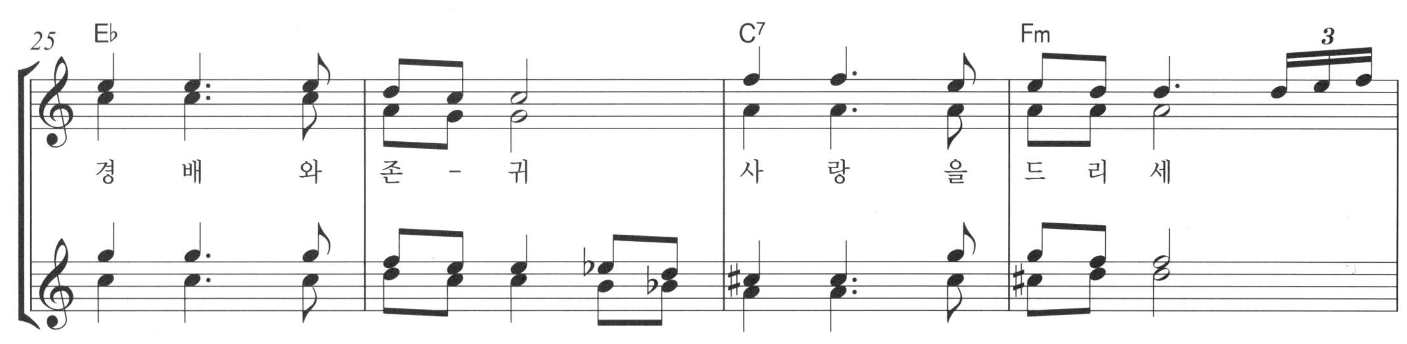

25 Eb
C7
Fm
경 배 와 존 - 귀 사 랑 을 드 리 세

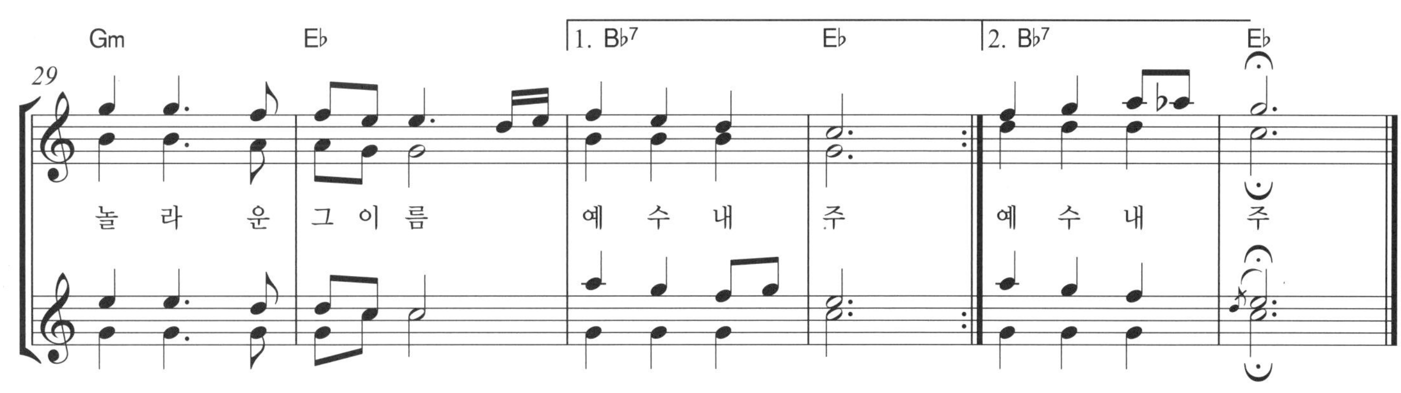

29 Gm
Eb
1. Bb7
Eb
2. Bb7
Eb
놀 라 운 그 이 름 예 수 내 주 예 수 내 주

② 주께 두 손 모아 비나니

(Putting Both Hands Of The Lord Rain)

Words & Music by 김석균
Arr. by 서성범

로 믿음안에서 서－로 소망가운데 서－

로 사랑안에서 손잡고가는길 오－

주 사랑의종소 리가사－랑 의종 소리 가 이
Chapter 4

시간우리모 두－를감 싸 게하여주소 서 주 싸 게하여주소 서

살아계신 주
(Because He Lives)

살 아 계 신 주
나 의 참 된 소 망
걱 정 근 심
전 혀 없 네
사 랑 의 주 내
갈 길 인 도 하 니
내 모 든
삶 의 기 쁨 늘 충 만 하 네
주 하 나
삶 의 기 쁨 늘 충 만 하 네
D.S. al Coda

4. 죄에서 자유를 얻게 함은

(Would You Be Free From Your Burden Of Sin?)

Words & Music by L. E. Jones
Arr. by 서성범

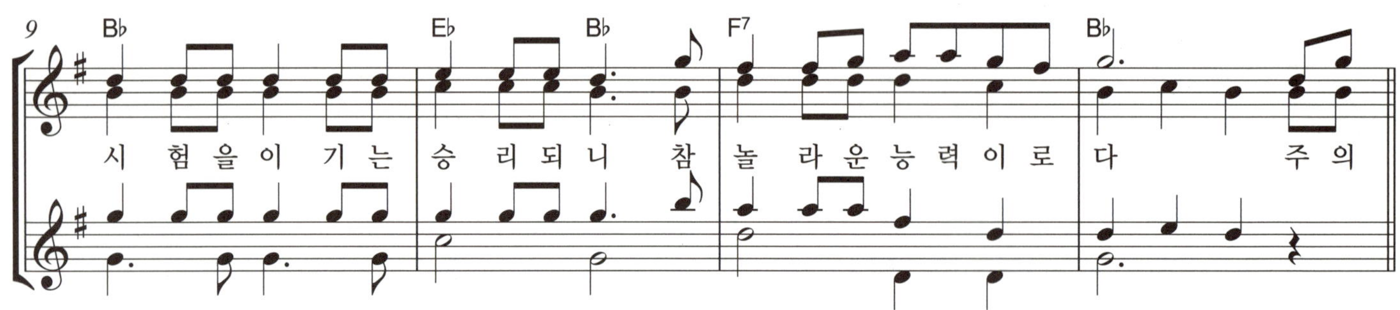

육 체의정 욕을 이 길힘은 보 혈 의능력 주 의보혈
정 결한마 음을 얻 게하니 참 놀 라운능력 이로 다 주의
보 혈 능 력있도 다 주의피 믿으 오 주의
보 혈 그어린 양의 매우귀 중 한피로 다
Chapter 4

괴로울 때 주님의 얼굴 보라

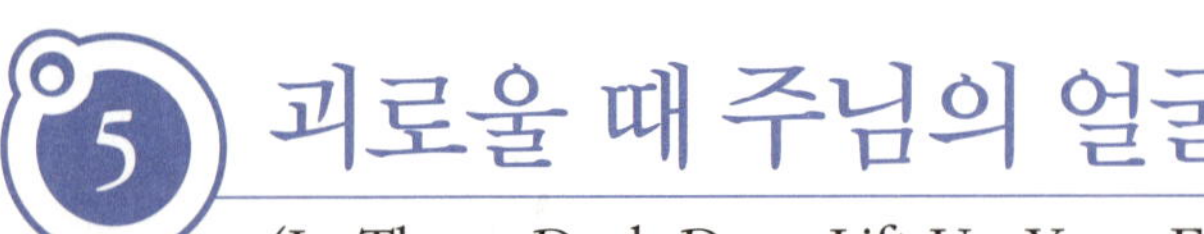

(In These Dark Days Lift Up Your Eyes)

Words by John W. Peterson
Music by Harry Bollback
Arr. by 서성범

F7 Bb C7 F7
어 - 주를보라 - 네모든염 려주께맡겨라 - 슬플때
Bb Gm7 Bb Eb F7 Bb
에 주님의얼굴보라 사랑의 주 님안식주리라 - 힘이없
D.S. al Coda
F7 Bb C7
어 - 주를보라 - 네모든염 려주께맡겨
F7 Bb Gm7
라 - 슬플때에 주님의얼굴보라 사랑의
Bb Bb F7 Bb
주 - 사랑의주 사랑의주

6. 주 하나님 지으신 모든 세계

(How Great Thou Art)

Words by C. G. Boberg
Music by Swedish Folk Melody
Arr. by 서성범

A tempo
23
27
31
35
A tempo
39
solo
3
3
3
Chapter 4_

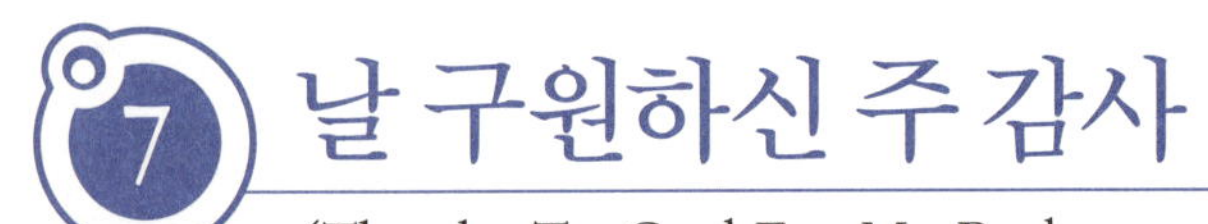

날 구원하신 주 감사
(Thanks To God For My Redeemer)

Words by A. L. Storm
Music by J. A. Hultman
Arr. by 서성범

서 성 범

1. 서울특별시 경찰국 경찰악대 (11년 근무) (연주, 편곡)

2. 서울 장로회 신학대학 대학원 (목연) 졸업.

3. 찬양의 교회 (개척. 담임 목사 시무)
   대한 예수교 장로회 강동노회 (현 경기노회 소속)

4. 이레 윈드 오케스트라 (지도 선교목사 역임)

5. (현) 한국 목사 합창단 단원 및 관악 4중주 단원. (트럼펫, 알토색소폰 연주, 편곡)

6. (현) CBS 작은교회섬김센타 문화학교 고문.

셀라 반주와 함께하는

알토 색소폰

듀엣 앙상블곡집 **1**

발 행 인	최우진
편 저 자	서성범
편 집	조나단, 원태경
디 자 인	도도디자인
영 업	현석호
관 리	김정숙
발 행 처	(주)스코어(대표 정상우)
등 록	2012년 6월 7일 제313-2012-196호
I S B N	978-89-98522-76-6(13670)

주 소	서울시 마포구 동교로 13길 34(121-896)
전 화	02)333-3705
팩 스	02)333-3745
	www.allmusicscore.com
	www.openhousebooks.com

판 매 원 오픈하우스